탐식 수필

탐식 수필

정상원

아침의
정원

원칙과 신념을 지켜서 만들고,
겸허하게 오랜 시간을 기다려 그 결과를 확인한다.
그리고 감사함으로 나눈다.

추 천 하 는 말

셰프가 빚어낸 파인 워딩의 세계

작가와 셰프가 존경받는 이유는 간단하다. 누구에게나 허락된 것으로 아무나 상상할 수 없는 새로운 세상을 만들기 때문이다. 작가의 손끝에서 낱말들은 새롭게 배열된다. 그리고 세상에 없던 이야기가 책으로 우리 앞에 놓인다. 셰프의 손끝에서 식재료들은 새로운 만남을 시작한다. 그리고 독창적인 요리가 되어 우리 앞에 놓인다. 작가와 셰프의 노고 덕분에 말맛과 입맛의 스펙트럼은 넓어지고 우리의 삶은 풍요로워진다. 비로소 우리는 인간다움을 누린다.

요리를 내어주던 정상원 셰프가 이번에는 작가가 되어 책 한 권을 우리 앞에 건넨다. 세상에! 정상원의 손끝에서는 낱말도 식재료가 되는구나! 말맛으로 입맛의 스펙트럼이 넓어지는 새로운 경험이다. 눈으로 들어온 글자들이 혀끝에서 그리고 코끝에서 느껴지는 새로운 경험이다. 파인 다이닝의 세계에서 빛나던 정상원이 파인 워딩의 세계에서도 반짝인다. 고맙고 또 고맙다. 부럽고 또 부럽다.

정상원의 '탐식수필'은 삼청동 '르꼬숑'에서 만난 그의 요리를 닮았다. 새롭지만 낯설지 않고, 조용하지만 화려하고, 절제되었지만 다채롭다. 자연스럽게 세심하다. '탐식수필'과 '르꼬숑'을 함께 경험할 수 있는 호사를 누리다니, 정상원과 같은 시간을 살고 있어 감사하다. '탐식수필'을 읽었으니 이젠 얼른 '르꼬숑'에 가야겠다.

8월 10일
신지영 (고려대학교 국어국문학과 교수)

들어가는 말

미식 탐험의 시간

어린 시절 할머니가 숟가락으로 긁어내 떠먹여주던 사과의 부드러운 속살은 맛에 대한 첫 기억이다. 그 맛은 뚜렷하지는 않지만 분명하게 기억 속에 남아 있다. 너무도 익숙해서 아무렇지도 않게 느껴지는 사과 한 알. 그러나 사과는 인류의 역사 속에 큰 발자취를 남기며 숨 가쁘게 긴 여정을 이어가고 있다.

사과의 여정은 구약성서에서 이브와 아담을 지적인 존재 homo sapiens로 만들면서 시작된다. 불화의 여신 에라스라스는 '가장 아름다운 여신에게'라고 적은 사과 한 알을 헤라, 아테나, 아프로디테의 한가운데 던진다. 이 사과는 결국 트로이전쟁으로 이어졌다. 14세기 스위스의 독립을 이끈 빌헬름 텔의 사과는 저항과 민족 독립의지의 상징이 되어 유럽의 지도를 바꿔놓았다. 1839년 엑상 프로방스 Aix en Provence 세잔의 아틀리에에서 그려진 「사과가 있는 정물 nature morte aux pommes」은 현대 미술의 새로운 장을 열며 파

영국의 사과 '켄트의 꽃'(좌, 초록색)은 뉴턴의 머리 위로 떨어졌다. 프랑스의 사과 '빅투아르의 색동실'(우, 붉은색)은 세잔의 정물화 모델이 된다. 두 사과는 품종이 다른 만큼 그 맛도 다르다.

리를 점령했고, 기적의 해라고 불리는 1666년 캠브리지에서 뉴턴의 머리 위로 떨어진 사과 한 알은 과학과 이성의 시대를 연 주인공이 되었다.

    감성을 자극하는 세잔의 사과와 이성적 논리를 만들어낸 뉴턴의 사과는 서로 다른 품종이다. 세잔이 그린 사과는 몽 생 빅투아르의 색동실scoubidou이라 불리는 품종이다. 홍색과 녹색, 그리고 노랗고 푸른색이 실타래처럼 얽혀 있는 이 사과는 지금도 엑

들어가는 말   9

상 프로방스의 사과 농원에서 찾아 볼 수 있다. 당도와 산도의 조화가 좋고 육질이 단단해서 타르트 타탕 등 요리 재료로 널리 사용된다. 뉴턴의 사과는 켄트의 꽃 flower of kent이라 불리는 품종이다. 아린 맛과 푸석한 식감 때문에 바로 먹기에는 부족하다. 만약 켄트의 꽃이 크고 단단했다면 뉴턴의 머리에는 다른 시련이 찾아 들었을지 모른다. 켄트의 꽃은 낙과가 될 때까지 기다려 수확하면 당도가 높아져서 사이더 cider의 좋은 재료가 된다.

풍경이, 과학이, 음식이 담지하고 있는 암호를 해독하고 그 수용된 감흥을 언어라는 상징적 기호로 풀어낼 때, 사과는 인상주의를, 만유인력을, 타르트 타탕을 만들어낸다.

기표 signifier와 기의 signified. 언어적 기호에 있어 기표는 단어의 소리로서 용어의 차이를 만드는 형태다. 기의는 용어에 의해 의미되는 내용을 말한다. 사과나무의 열매를 의미하는 하나의 기의에는 '사과(한국어)', 'apple(영어)', 'pomme(프랑스어)' 등 수많은 기표가 자의적으로 사용된다. 사실, 의미소 '사과'와 형태소 '애플' 사이에는 어떠한 필연적이거나 고유한 관계가 있는 것은 아니다. 맛의 느낌과 언어적 인식의 관계도 이와 같아서 음식의 재료, 요리의 맛, 식탁에 올려지는 다양한 감정들은 각자의 언어를 통해 한정되고 재해석될 뿐이다. '무청 시래기'는 그 기표로 인해 마치 한국에만 있는 식재료로 생각하지만 프랑스에서도 서양 홍당무 래디시 radish의 무청으로 시래기를 만들어 생선 요리에 올린다. 레

비스트로스와 데리다, 마르크스와 엥겔스가 역설했듯 언어는 인간으로부터 나와 지知의 역사를 만들어가는 의식의 단초다. 맛의 감각인 미감도 미각 수용체에서 받아들여진 뒤 언어로 치환되어 기억되고 되새김된다.

이 책은 미감의 탐험을 위한 안내서다.

1장 〈래디컬한 래디시〉에서는 식재료와 요리들의 세계 여행을 통해 맛의 역사를 재해석한다. 그리고 우리도 모르게 구조화되었던 맛에 대한 인식의 해체를 모색한다. 첫 여정을 통해 우리의 것과 타인의 것은 경계가 모호해지고 이야기는 모두 연결되어 간다. 2장 〈오븐에 5분〉은 조리의 과학에 대한 이야기다. 땅과 시간과 사람들이 어우러져 만들어가는 맛의 연금술은 세련되게 또는 투박하게 식탁 위에 오른다. 무의미했던 단어들이 문법에 맞게 모여 읽을 수 있는 문장을 만들듯 레시피는 식재료들을 줄 세우고 먹을 수 있는 요리로 변화시킨다. 3장 〈최대한의 식사, 먹기 위해 사는 법〉은 프랑스 코스의 일련을 통해 식사의 과정과 그 사이마다 놓이는 즐거움을 탐험한다. 메뉴를 고르면서 시작되는 식탁 위의 대화는 디저트를 먹을 때쯤이면 언제나 새로운 플롯으로 재구성된다. 4장 〈최소한의 식사, 살기 위해 먹는 법〉은 기내식이나 선상식 등 간이식사들의 소중함과 그 맛의 짙은 여운을 그린다. 마지막 5장 〈기술을 기술하는 기술〉은 미감味感이 미감美感으로 전환되는 과정을 이야기한다. 맛의 감각인 미감味感은 미술과 문학과 음악

등 예술이 주는 미감美感에 도전해왔다. 생존에 있어 가장 기본적인 '먹는 일'이 아름다움의 영역으로 진입해가는 이야기다.

시인 백석의 문장이다.
"맛은 육신과 정서에 사무친다. 먹을 때는 생활이고 먹고 싶을 때는 그리움이다. 맛은 관념이나 추상이 아니고 먹는다는 것은 삶과의 맞대면이다. 맛은 삶에 대한 직접성이다."

식탁 차리는 일을 십수 년 해왔다. 가장 첨예한 파인 다이닝의 일선에서 찬사와 혹평 사이를 두려움 없이 오간다. 식당의 음식은 언제나 두 사람 사이에 놓인다. 각자의 경험에 기대어 평가되고 비교되며 음미된다. 치열한 저녁 영업이 끝나고 요리사가 밥을 먹는 시간은 언제나 늦다. 집에 돌아가 샤워를 하는 동안 따뜻한 밥상이 차려지고 있다. '싶다'는 형용사인데 샤워하는 시간 동안 그것이 동사로 느껴진다. 이국적인 맛을 탐험하는 탐험가로, 그것을 재해석하여 표현하는 요리사로 달려온 고된 하루 뒤의 소박하지만 풍성한 한상. 가장 따뜻한 밥상을 마주한다.

이 책의 모든 글자는 아내의 밥에서 나왔다.

2020년 8월 5일
정상원

차례

추천하는 말 6
들어가는 말 8

래디컬한 래디시 16

라만차의 동치미 25
바르샤바의 만둣국 39
부다페스트의 순댓국 53
런던의 카레 66
이스탄불의 고등어 75
마르세유의 생선찌개 88

오븐에 5분 94

소금의 꽃 104
치즈가 익어가는 방법 115
시간의 이름 129
달콤한 슬리퍼 140

최대한의 식사 146

아뮤즈 부시 154
아페리티프 158
오르되브르 166
화이트 와인 169
앙트레 176
레드 와인 179
플라 186
프로마주 190
데세르 192
프티 프르 194
라디시옹 196

최소한의 식사 198

기내식과 선상식 205
항구의 식당 207
낯선 시간의 식사 218
시장의 음식들 223
숙면을 위한 역설 237
조식, 이불을 개지 않을 권리 250
물설음 257

기술을 기술하는 기술 266

미감과 미감 273
문장의 맛 296
조용한 것이 지루한 것은 아니다 315

이야기를 마치며 329

래디컬한
래디시

〈래디컬한 래디시〉에서는 식재료와 요리들의 세계여행을 통해 맛의 역사를 재해석한다. 그리고 우리도 모르게 구조화되었던 맛에 대한 인식의 해체를 모색한다. 첫 여정을 통해 우리의 것과 타인의 것은 경계가 모호해지고 이야기는 모두 연결되어 간다.

래디컬한 래디시

알 수 없는 문자로 된 메뉴판의 해석을 방금 마쳤다. 이스탄불의 시내를 가로지르는 보스포루스 해협Bosphorus straits은 유럽과 아시아를 구획하는 경계다. 1901년에 문을 연 레스토랑 판델리Pandeli는 유럽의 동쪽 끝에 있는 식당이다. 창밖 다리 건너로 아시아가 보인다. 흑해의 풍토와 오스만의 역사는 접시 위에 갈라타Galata지역만의 새로운 맛을 올려놓을 것이다. 음식을 기다리는 탐험가의 식탁은 기대로 가득 찬다. 집 밖에서 '집밥'을 기대할 수 없지만 다채로운 경험담은 늘 설레지 않은가.

타부크 초르바tavuk çorbas, 마늘과 닭고기를 오래 끓여 만든 수프가 식탁 위에 놓인다. 이제 이국적인 맛을 탐험하기 시작한

보스포루스 해협의 오래된 레스토랑 '판델리'. 유럽 대륙의 가장 동쪽에 위치한 식당으로 유명하다. 창밖으로는 아시아 서쪽의 풍경이 펼쳐진다.

이스탄불의 닭고기 수프 '타부크 초르바'

다. 요거트에 특화된 스푼의 모양부터 낯설다. 치열하게 분석할 채비를 갖추고 한입 떠 넣는다. 그런데 난데없이 익숙한 맛이 혀끝에 전해진다. 부평의 외가, 외할머니 정기숙 여사는 금지옥엽 손주가 올 때마다 닭죽을 끓였더랬다. 어린 입맛에 푹 익은 마늘은 무섭지 않고 알맞게 달았다. 푹 고아진 닭고기의 살결은 갈치의 속살마냥 한없이 부드러웠다. 순간, 옆 테이블에서 들려오는 아나톨리아Anatolia 억양이 짙은 터키어에 정신이 번쩍 든다. '술탄의 레스토랑'이라는 애칭을 가진 이스탄불의 오래된 식당에서 잃어버렸던 부평의 시간을 찾은 난감함에 고개를 돌려 다시 맛을 음

이스탄불 갈라타의 SALT도서관은 오스만 은행의 옛 건물에 만들어진 복합문화공간이다. 이곳은 오스만 시대의 기록보관소이자 현대미술관이며 터키 미래의 상징이다. 영문 약자가 중의적으로 '소금'인 것이 이채롭다. 맛은 어쩌면 문화의 총화이자 생활의 반영이다.

미한다. 시선이 흐른 곳에 식당을 찾았던 셀럽들의 사진이 걸려 있다. 엘리자베스 2세 여왕의 근엄한 표정과 오드리 햅번의 알 수 없는 미소 사이에서 닭고기 수프 맛의 아이러니는 다시 미궁으로 빠진다.

이국적인 맛을 향한 기대는 여행자의 특권이다. 감각의 수용체들은 새로운 자극을 받아들이기 위해 출발 전부터 이미 준비가 되어 있고, 그 대가로 시간과 비용을 충분히 지불한다. 그러나 여행지는 그곳 사람들에게는 생활의 공간이고, 이국적 식사는 매일의 끼니이니 맛에 대한 진중함은 결코 다르지 않다.

억센 가을의 무청을 바람에 맡긴다. 갓 베인 초록의 풋내는 사포닌saponin이 만드는 알싸한 풍미를 감춘다. 무청을 새끼에 엮어 겨우내 말리면 시래기가 된다. 바람에 말리면서 수분이 날아간 자리에는 장맛을 머금을 공간이 생긴다. 거친 초록의 잎은 건조한 바람과 비탈의 느린 햇살에 서서히 갈색의 부드러움으로 피어난다. 얼었다 녹았다를 반복하며 드디어 비위를 돋우는 구수한 맛으로 재탄생한다. 처마 밑 메주 곁에서 그와 비슷한 색감을 발하는 시래기는 분명 우리의 식탁을 다른 나라의 그것과 구별하는 한국만의 독특한 식재료다. 무청 시래기를 덖어서 깔고 그 위에 감자며 손질한 고등어를 올린다. 양파와 고추를 척척 썰어 더한 다음 고춧가루를 듬뿍 뿌려 자작하게 끓여내면 시래기 고등어찜이 만들어진다. 이 요리는 아마도 가장 한국적인 음식이 아닐까. 하지만 생선 요리의 곁들임 재료 가니시garnish로 시래기를 이용하는 것은 태평양을 바라보는 동양의 전유물은 아니다. 대서양과 지중해의 생선 요리에도 서양 홍당무 래디시radish의 무청으로 만든 시래기를 사용한다. 두툼한 대구를 버터와 천일염으로 간을 해 오븐에 구워내고, 씨겨자와 함께 볶은 래디시 시래기를 곁들이면 한국인에게도 은근한 기미가 있는 생선 스테이크가 완성된다. 래디컬radical하게 느껴지는 래디시 시래기처럼 많은 식재료들과 요리들이 역사와 생활의 교착점에서 불쑥불쑥 등장한다.

라만차의 동치미

라만차의 와인 메이커 호세는 어려서부터 포도밭에서 자랐다. 아버지의 아버지, 그리고 그 아버지로부터 물려받은 가업이다. 그와 함께 조그만 시골마을을 거닐게 되면 지나가는 모든 사람과 인사를 주고받아야 하는 불편함이 있다. 그는 토박이이자 농부이고 수세기에 걸친 가업의 전수자다. 그에게 포도농사를 짓게 된 이유를 물으니 정말 어리둥절한 표정을 지으며 답을 찾지 못한다. 포도 농부의 아들로 태어났고 그렇게 농사를 지어온 것인데 이유가 찾아질 리 없다. 그에게 물었던 우문은 다시 질문이 되어 돌아온다. 재료와 감미료와 조리법이 수학공식처럼 복잡하게 얽혀 있는 레시피 북, 칼로리를 비롯해 폴리페놀과 같은 항산화 물질, 비타민의 전구체 수치가 어지러이 적혀 있는 영양성분표. 그런 것들의 계산에 바빠 원래 그대로인 것으로 아무렇지도 않게 이어져온 맛과 건강을 놓치고 있는 것은 아닌가?

호세의 집으로 가는 길은 건조한 사막으로 이루어진 마드리드 남부의 라만차 황무지다. 끝없이 이어진 황토 사막을 건너다 보면 목이 칼칼하다. 돈키호테가 한판 승부를 벌인 언덕 위의 풍차가 아니면 방향을 가늠할 이정표조차 없다. 어렵게 도착한 작은

스페인 세고비아의 애저(새끼돼지 요리) 축제. 퐁네프 다리 샹소니에의 프랑스 샹송이 서정적인 반면, 이탈리아의 칸초네는 열정을 담는다. 칸초네와는 또 다르게 스페인의 플라멩코에는 정열을 넘어서는 고혹이 있다.

마을에 장이 섰다. 황무지의 칼칼함을 달래주는 것은 다름 아닌 동치미다.

우리가 알고 있는 그 동치미를 라만차에서 만난다. 라만차 동치미의 시원한 맛의 비결은 숨 쉬는 항아리에 있다. 스페인의 항아리 카수엘라는 흙으로 빚은 우리의 장독과 유사하다. 크기도 양손에 움켜쥘 정도의 작은 항아리부터 성인 두 명이 겨우 들 만한 크기의 항아리까지 다양하다. 장독은 발효를 위한 도구다. 치즈를 장독에 넣어 저장할 리 없으니 그들의 장독 속 발효 음식 또한 채소가 주인공이다. 채소에 마늘과 고춧가루를 넣어 장독에서 숙성시키니 그 맛이 김치와 다를 수 없다. 다만 차이가 있다면 스페인 중부에서는 아직도 장독을 땅에 묻어 지열을 이용해 발효시킨다는 것이다. 알마그로 동치미는 우리의 반찬 김치처럼 스페인의 유명한 밥 요리 파에야와 한 상에 오른다.

스페인은 마드리드를 중심으로 바르셀로나를 주도主都로 하는 카탈루냐, 미식 도시 산세바스티안을 품은 바스크, 아프리카를 인접하는 안달루시아 등 다양한 지역색이 공존하는 곳이다. 지방마다 언어도 성향도 다른 만큼 음식의 특색 또한 강하다. 스페인의 내륙 라만차는 풍차를 향해 돌진한 돈키호테의 고장이다. 남한 절반 정도 크기의 라만차 지역 모든 마을은 자기들이 돈키호테 마을의 적자임을 자랑한다. 많은 레스토랑에서 한 귀퉁이가 둥글게 깨진 접시에 음식을 내는데, 돈키호테가 쓰고 다닌 면도용 사기그릇을 형상화했다고 한다.

파에야, 육수로 지어내는 밥 요리

파에야paella는 해산물과 고기 육수로 밥을 지어내는 요리다. 아랍의 향신료가 전래되면서 지중해와 대서양 연안을 중심으로 발전해왔다. 붓꽃 꽃술을 따서 만드는 고가의 향신료 샤프란saffron이 들어가 밥알은 노란색을 띤다. 샤프란이 만드는 특유의 노란색 말고도 조리 과정에서 이탈리아 리소토risotto와는 차이가 있다. 리소토가 밥알에 소스를 코팅하듯 감싼다면 파에야는 갖가지 재료로 육수를 만들어 그 육수로 밥을 짓는다. 샤프란, 커민cumin, 코리앤더coriander 등 아랍의 향신료와 함께 홍합과 새우, 오징어 같은 해산물이 들어가는 것이 일반적이다. 아를과 아비뇽 같은 프랑스 지중해 연안에서는 새우와 닭고기를, 라만차나 바르셀로나 같은 대서양 동쪽 해안과 스페인 전역에서는 돼지고기를 주로 사용한다. 파에야를 만드는 데 중요한 과정 중 하나는 밥에 찰기를 주기 위해 뜸을 들이는 것이다. 시간이 지날수록 향신료의 향과 육수의 감칠맛이 밥알 속속들이 배어든다. 스페인 파에야는 위도가 우리와 비슷한 카탈루냐 바르셀로나 지역의 것이 우리 입맛에 맞는 편이고, 남부지역으로 내려갈수록 기름기가 많고 간이 세진다.

라만차 포도 농가의 농부 호세의 저녁식사. 밥 요리 파에야를 중심으로 알마그로 가지, 감바스, 하몽 등이 한 상에 같이 오른다. 호세의 어머니는 파에야가 이방인의 입에 맞을지 걱정이 크다. 호세의 아버지는 그들만의 풍습이 불편하지 않을지 연신 주변을 살핀다. 어느 곳이나 식탁은 따뜻한 배려와 은근한 환대로 차려진다.

질그릇에서 발효시키는 알마그로 가지김치

라만차 지역에서는 놀랍게도 밥요리 파에야와 함께 동치미 김치를 먹는다. 그 맛은 김치 비슷한 것이라기보다 그냥 김치라고 부르는 것이 정확할 정도다. 알마그로 가지라는 채소를 주재료로 하여 소금으로 숨을 죽이고 고춧가루, 마늘과 회향 등 향신료를 넣어 담는다. 그 종류도 맑은 동치미aliñadas와 고춧가루를 넣은 물김치embuchadas, 고추장을 이용해 담근 붉은 김치pasta de pimiento 등 수십여 가지가 된다. 알마그로 가지김치는 카수엘라라고 불리는 질그릇에 담아 발효시킨다. 우리의 동치미와 비슷한 맛으로 은근히 칼칼하고 개운하다. 질그릇에서 발효하다 보니 장독에 담긴 동치미의 옛 맛이 생각날 정도다. 고추가 신대륙으로부터 넘어온 경로를 생각하면 이곳에서 고춧가루로 김치를 담그는 것은 이상한 일이 아닐 수도 있다. 이곳 사람들은 오히려 이방인을 배려하는 생각에서 발효된 냄새가 나는 알마그로 가지김치를 반찬으로 내지 않아 맛보기 어렵지만, 집집마다 질그릇 카수엘라에는 알마그로 가지가 시원하게 익어가고 있다. 그들은 모르고 있지만, 알마그로 가지김치는 한국인 입맛에 잘 맞는다. '알 구스토Al gusto!' 스페인어로 맛이 있고 입에 잘 맞는다는 뜻이다.

알마그로 가지Berenjena de Almargro로 담은 동치미. 스페인에서 만나는 김치가 어색하지만, 고추는 아메리카에서 이베리아 반도를 거쳐 유라시아 대륙으로 전래되었다.

스페인의 자랑인 이베리아 반도의 올리브 장아찌

"산초, 자유는 인간이 가진 가장 소중한 선물이야. 땅과 바다의 어느 보물과도 비교할 수 없지. 자유를 위해 목숨을 감수할 수도 있다고." _「돈끼호테」, 세르반데스
라만차의 황무지와 지평선. 지평선으로 해와 달이 떠오르는 광경은 라만차의 모든 농부들을 삶의 철학자로 만든다.

**가난한 자의 피노누아 템프라니요,
그리고 땅을 기어 자라는 포도 아이렌**

어느 문화권을 막론하고 식사라는 문장의 마침표는 역시 그 지역의 음료다. 특히 서유럽의 식탁에 있어서는 그 지역의 와인을 곁들여야 비로소 그 식탁을 온전히 이해할 수 있다. 토양과 기후, 그리고 사람들의 식문화가 그대로 병입된 지역의 와인들은 음식의 맛을 돋우며 다양한 이야기를 식탁 위에 옮긴다. 스페인 와인을 대표하는 포도 품종은 '템프라니요tempranillo'다. 비단결같이 엷고 부드러운 감촉과 은근한 끈기를 가지고 다양하게 변하는 뒷맛은 와인의 제왕 프랑스 부르고뉴 지역 피노누아pinot noir 품종에 비견된다.

적포도 템프라니요와 함께 스페인을 대표하는 포도는 청포도 '아이렌'이다. 세계에서 가장 많이 재배되는 포도 품종은 그 유명한 보르도의 카베르네 소비뇽도 호주의 시라즈도 아닌 스페인 라만차 황무지의 아이렌이다. 와인을 즐기지 않더라도 아이렌을 먹어보지 못한 사람은 없다. 바로 코카콜라 회사에서 음료에 들어가는 당의 일부를 아이렌 포도에서 뽑아 쓰기 때문이다. 아이렌은 와인은 물론 브랜디나 여타 증류주의 원료로도 널리 쓰인다.

711년부터 이베리아를 정복한 무어인들moors은 북아프리카의 향신료와 아랍의 문화를 버무려 스페인의 식탁 위에 파에야

라만차의 청포도 아이렌airen. 아이렌 포도는 일반적으로 포도 덩굴이 감고 자라는 축대를 세워 재배하는 코르동Cordon 방식이 아니라 그대로 땅을 기어 자라게 하는 부시Bush 재배 방식을 취한다. 지역의 건조한 환경과 지열 때문이다.

를 올려놓았다. 마르케스G. G. Marques의 소설 『백 년 동안의 고독 *Cien anos de soledad*』에서 주인공인 어린 아우렐리아노 부엔디아는 무어인들의 신기한 물건들에 매료된다. 새로운 문화를 만나는 순간은 책 속의 묘사처럼 '펄펄 끓고 있는 얼음'을 바라보는 경이로움에 가득 찬 눈빛으로 시작된다. 아픔과 기쁨을 오간 이베리아의 긴 시간은 그들의 것이 아니어서 경험해보지 못했던 것들을 차분하고 고독하게 소화시켜 그 지역의 특별한 문화로 만든다. 아프

'우로'는 스페인의 독주다. 라만차의 언덕 위 풍차가 달려드는 진기한 경험을 할 것이 아니라면 많이 마시지는 말 것.

리카와 아랍의 문화가 버무려진 파에야가 바로 그렇다. 뜸이 잘 들은 밥 요리 파에야와 함께 떠먹는 동치미는 조화롭다. 연중 건조한 라만차의 기후가 만들어낸 우연이자 필연의 조화다. 황무지의 토양에 먼지처럼 흩날려버리는 무기질들은 땅을 기어 자라는 아이렌 포도나무의 뿌리를 통해 포도알로 전해진다. 알마그로 동치미와 아이렌 와인 한 잔은 어쩌면 그들의 생존을 위한 약수다.

파에야와 알마그로, 아이렌으로 차려진 시골의 식사가 끝나고 우리를 초대한 호세는 도시에 있는 그의 집으로 돌아갔다. 그의 늙은 아버지만이 남아 이방인을 바라본다. 영어와 프랑스어는 사라지고 이제 소통을 위해 남겨진 언어는 없다. 앞마당의 무화과나무에서 떨어진 낙과들의 달콤한 향이 갑자기 느껴진다. 하룻밤을 위한 최소한의 것들을 위해 감각들이 이성을 대체하고 있다. 잠들기 전의 절차들을 극동의 관습이라 눙치고 최소화한다. 그러나 인간으로서의 몇몇 자존심을 간직한 채 내일을 맞이하기 위해서는 거쳐야 할 것들이 있다. 첫 난관은 양치에서 시작됐다. 몇 해의 시간인지도 모를 만큼 흙먼지가 벽면에 쌓인 라만차다. 비가 내리지 않다보니 텔레비전과 냉장고는 처마도 없는 마당의 하늘 아래 그대로 놓여 있다. 비가 없는 곳의 물은 생각보다 설다. 아이렌 청포도의 당도를 선사한 라만차의 건조한 대지는 양칫물을 하락하지 않았다. 호세의 아버지가 이방인의 생각을 읽어낸다. 이 사려 깊은 농가의 주인은 오토바이를 타고 어디에선가 생수 한 병을 사온다.

"그라시아스gracias, 감사합니다." 그와 소통할 수 있는 유일한 언어를 적절한 순간에 읊는다.

그날의 하루는 낯선 식사였다. 사우다드레알의 가지 동치미 알마그로berenjena de almargo, 호세의 피앙세가 추천한 비아누에바의 과자 알퐁시보스alfonsivos, 모나스트렐 포도로 만든 꿀 아로프

래디컬한 래디시 **37**

arrope, 라만차 농가의 파에야까지. 수많은 향신료를 위한 형용사들과 새로운 감정들을 위한 부사로 채워진 하루였다. 긴 하루의 만연체는 그 문장의 길이만큼이나 소화를 위한 마침표가 필요했다. 사랑방 손님의 절실함을 한 병의 생수로 만족시킨 주인은 안방에서 손자들과 남은 이야기를 나누고, 숙소와 벽을 마주한 헛간에는 낮 시간 가출을 감행했던 황소만한 개 '볼리'가 돌아와 목청껏 코를 골며 잠든다. 돈키호테가 면도하는 사기접시를 모자로 뒤집어쓰고 마셨다는 라만차의 독주 '우로'를 한잔한 것처럼. 스페인의 내륙 중심부 라만차는 너른 평야만큼이나 깊은 성찰을 가지고 살아가는 농부들의 고향이다. 돈키호테의 엉뚱함보다는 차분하고 배려가 많은 동네다.

바르샤바의
만둣국

"밥 드실래요? 빵 드실래요?"

90년대 이전까지 경양식집이라 불리던 양식당에서 메뉴를 주문하면 의례 묻던 질문이다. 이제는 이 오래된 질문을 아는지 모르는지를 두고 세대 간 격차를 가늠하기도 한다. 처음 '스타벅스'라는 커피 전문점이 서울에 상륙한 것은 1999년이다. 이화여대 앞에 문을 연 한국의 스타벅스 1호점은 당시 신문물의 상징이었다. 지금은 너무도 익숙해져 우리 문화의 일부분이 된 아메리카노 한 잔은 사실 20년 남짓의 짧은 역사를 가진다. 이전에는 다방에서 블랙커피에 달걀 노른자를 얹어 마셨다. 이 놀라운 메뉴의 이름은 '모닝커피'였고, 도라지 위스키 '위티'와 함께 당시의 베스트 셀링 음료였다.

1989년 해외여행이 자유화된다. 이전에는 관광을 목적으로 하는 여행의 경우, 한 번만 사용 할 수 있는 단수 여권이 발급되었다. 그마저도 나이 제한이 있었다. 나이 제한은 16세도 19세도 아닌 50세였다. 자산과 납세내역, 심지어 학력까지 여권 발급의 고려 조건이었다. 일가족이 모두 해외여행을 하는 것은 절대적

동구 밖 동구 폴란드의 수도 바르샤바. 소련의 스탈린과 독일의 히틀러 사이에서 모진 겨울을 버텨낸 사람들은 추위를 즐기는 방법을 안다. 그렇기에 그들의 음식은 낯설지만 따뜻하다.

으로 금지되었다. 해외 도피를 막기 위한 조처였다. 여권을 발급받기 위해서는 이러한 조건 이외에도 소양교육 수료증이 필요했다. 해외여행을 위한 소양교육은 한국반공연맹과 한국관광공사에서 담당했다. 심지어 공산권 국가인 동유럽 여행은 계획하는 것만으로도 폴란드의 바르샤바나 헝가리의 부다페스트가 아닌 남산 아래 남영동 여행으로 이어지던 시절이다.

1988년 서울올림픽은 문화적 충격을 가져왔다. '세계는 서울로, 서울은 세계로'라는 공식 표어처럼 서울을 세계에 알렸고 세계를 서울에 알렸다. 반공 포스터에서 본 것처럼 소련의 사람들은 늑대의 형상이 아니었다. 그들도 다정했고 우리를 해치지 않았다. 외국 사람들을 맞이하기 위해 식당들의 위생 상태가 급진적으로 개선되었고 화장실의 시설도 지금처럼 서양식으로 변했다. 외형적인 변화뿐 아니라 외국인에 대한 무지에서 오는 편견들이 깨진 것도 당시의 일이다. 우리는 근현대사 속에서 자타와 피아를 구별해야 한다는 강요를 받았다. 우리의 것은 소중한 것이며 널리 세상을 이롭게 하기 위해 우리 것을 지켜야 한다는 강박이 있었다. 냉전으로 양분된 세계의 구별은 그대로 각인되어 우리의 세계관을 형성했다. 이제 다양한 문물이 자유롭게 오감에도 불구하고 우리 생각 속에는 외국 문물에 대한 막연한 두려움과 단일 민족으로의 자긍에 대한 뿌리 깊은 교육이 그것들을 밀어낸다. 식탁 위의 역사 또한 그러한 경향을 가진다.

돼지 삼겹살과 배추로 만드는 폴란드의 스튜. 고수 향이 아니라면 지나치게 익숙한 매콤함이 있다. 낯설게 느껴지는 동유럽의 음식은 역사적으로 우리 음식과 같은 뿌리를 가진다.

특히 당시 소련의 영향을 강하게 받던 공산주의 국가들이 모여 있는 동유럽의 식탁은 냉전시대를 관통한 우리에게는 짙은 베일에 싸여 있었다. 그러나 동유럽의 식문화는 역사적으로 우리의 식문화와 같은 뿌리가 하나 있다. 칭기즈칸의 몽고는 한때 세계를 제패한 제국이었다. 그들은 동으로 말을 달려 고려에까지 이르렀고 서쪽으로는 유럽의 중심부까지 진출했다. 유라시아 대륙을 호령한 몽골의 문화는 아시아의 동쪽 끝부터 동유럽에 이르기까지 비슷한 음식들을 흩뿌려두었다. 그래서, 동구洞口 밖 낯선 동구東歐의 식탁에서는 익숙한 향기가 피어오른다.

바르샤바의 만둣국. 몽골제국의 음식 문화는 동쪽으로는 고려까지, 서쪽으로는 동유럽에 이르기까지 영향을 미쳤다.

공산당 식당의 프롤레타리아 메뉴

폴란드의 수도 바르샤바에는 오랜 역사를 자랑하는 '붉은 돼지 식당oberża pod czerwony wieprze, Inn under the red hog'이 있다. 이 식당은 나치 치하의 아픈 역사를 감당해온 오래된 시가지의 낡고 허름한 파빌리온pavilion에 위치한다. 이 건물은 노동계급에 의해 폴란드 공산주의, 사회주의 혁명이 일어난 볼라Wola지구의 중심부에 있다. 폴란드의 근현대사를 묵묵히 바라본 이 식당은 지금도 폴란드를 대표하는 전통음식점으로 성업 중이다. 붉은 돼지 식당은 요리 만큼이나 이곳을 찾았던 공산주의 지도자들로 유명하다. 1909년 레닌의 방문으로 유명해졌고 제르스키, 카스트로, 마오쩌둥 등 지도자들이 만찬을 즐긴 곳이다. 식당의 홀에 걸려 있는 「최초 공산주의자 만찬」이라는 거대한 그림 속에서 마르크스, 레닌, 엥겔스 등 명사들을 찾아보는 것도 또 다른 즐거움이다. 붉은 돼지 식당의 메뉴판은 놀라운 위트를 보여준다. 수프, 메인 요리, 아프레티프 등 모든 메뉴는 '프롤레타리아proletariat 메뉴'와 '부르주아bourgeois 메뉴' 두 갈래로 나뉜다. 가격은 각각 40즈위터, 60즈위터 정도로 부르주아 메뉴가 프롤레타리아 메뉴에 비해 '당연히' 비싸다. 채소 만두 피오르기pierogi는 프롤레타리아 메뉴고, 소 정강이 스테이크는 부르주아 메뉴로 구별되는 식이다.

이국적이라고 할 수 있는 모든 것이 갖추어진 이 식당의 음식들은 의외로 한국인의 입맛을 사로잡는다. 내장탕과 찐만두, 돼지족발로 이어지는 부르주아 코스를 먹고 나면 동유럽과 사회주의에 대한 편견마저 사라지는 편안함을 느끼게 된다. 내장탕은 벌집양 등 소의 내장들을 넣어 뭉근하게 끓여낸 뒤 우리의 청양고추처럼 매콤하고 단단한 청고추를 올려 느끼함을 잡는다. 버섯이 들어 있는 찐만두는 숙주나물과 함께 내어 녹두순의 알싸한 맛으로 만두소의 풍미를 돋운다. 족발은 정향clove, 팔각 회향star anis, 계피cannamon 등 향신료를 넣어 오랜 시간 조리한다. 족발 요리는 독일의 학센이나 프랑스의 피에 드 코숑 같이 각 나라를 대표하는

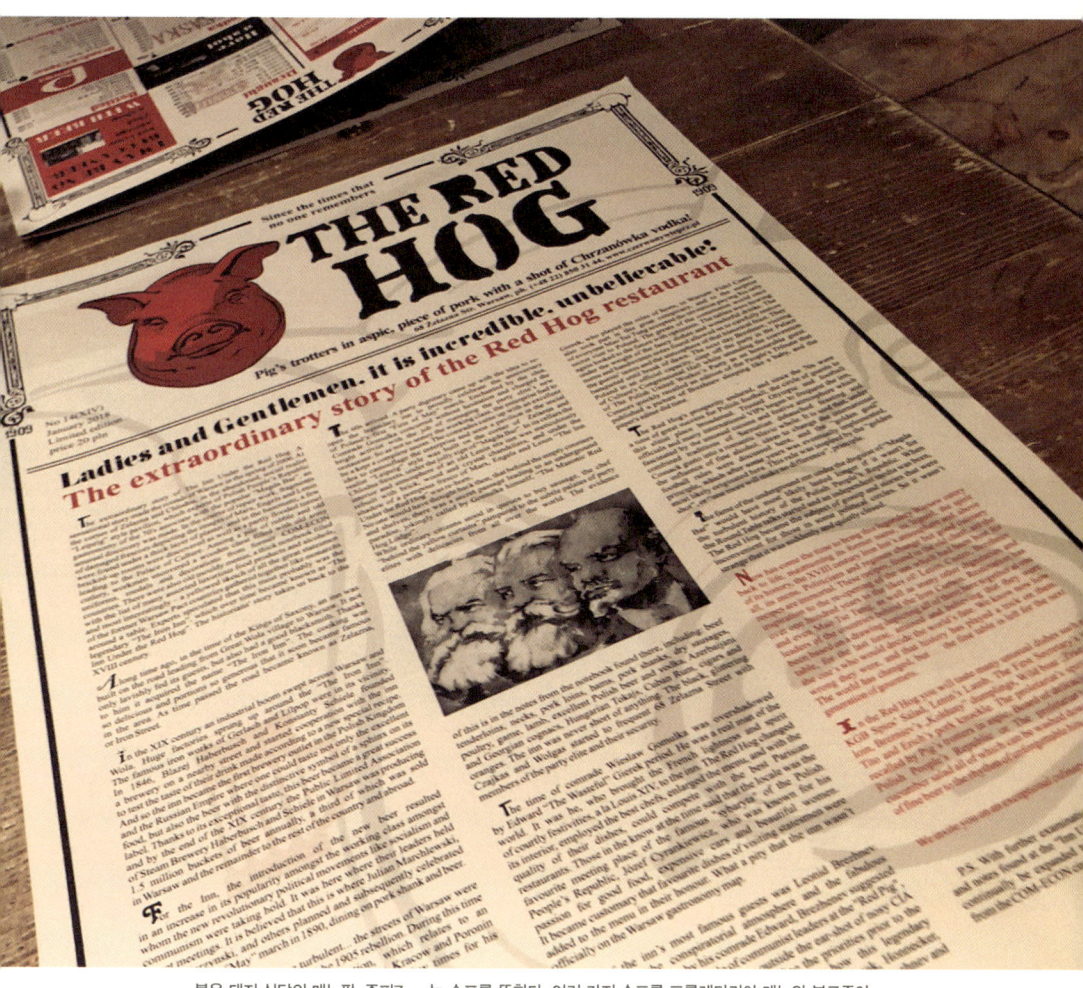

붉은 돼지 식당의 메뉴판. 주피Zupy는 수프를 뜻한다. 여러 가지 수프를 프롤레타리아 메뉴와 부르주아 메뉴로 나누어 제공한다. 공산주의의 압제에 대한 반감을 메뉴판의 위트로 풀어냈다. 80년의 고된 역사를 담은 스토리텔링이다.

프롤레타리아 공산주의자를 위한 디저트. 이념과 사상을 떠나 바라보면 누구에게나 로맨틱한 순간이 있다. 과거 우리의 치열했던 반공이념 교육은 아직까지도 동구에 대한 경험을 적지 않게 왜곡한다. 그러나 살아가는 일이 어찌 다르겠는가. 이곳 혁명의 별은 딸기 맛이다.

부르주아 코스의 메인 메뉴 중 하나인 정강이찜 요리. 계급투쟁과 이데올로기의 냉전을 온몸으로 받아낸 이들만의 과감한 위트가 있다. 바르샤바의 붉은 돼지 식당은 메뉴의 구성을 통해 과거의 시간을 재구성한다. 인간에 대한 믿음을 지키며 한 세기를 이어온 맛은 시절이 시대에 승리한 반증이다.

음식들로도 유명한데, 폴란드의 족발은 고온에서 녹이는 것이 아니라 쫄깃하게 식혀 젤라틴화해서 먹는다는 점이 우리 족발 요리와 무척 흡사하다.

폴란드에서 쉽게 만날 수 있는 대표적인 요리는 만두다. 피에로기pierogi라고 부르는 폴란드의 만두는 몽골에 그 뿌리가 있다 보니 세계 여러 지역의 만두 중 우리 입맛에 가장 잘 맞는다. 바르샤바의 구시가에는 다양한 만두 전문점이 즐비하다. 그만큼 종류가 무척 다양하지만 대부분은 우리 만두와 비슷해서 크게 낯설지 않다. 군만두와 찐만두 그리고 만둣국에 이르기까지 다양한 만두의 향연이 펼쳐진다. 피와 소의 느낌은 우리의 만두와 크게 다르지 않다. 다만 좀 낯설게 느껴지는 것이 과일잼을 소로 넣은 따뜻한 만두다.

덤플링의 텀블링

만두는 통계가 가능한 단일 메뉴 중 가장 많은 국가에서 먹는 음식이다. 곡물가루로 껍질을 삼아 다양한 소를 넣어 삶거나 기름에 지져낸다. 속에는 고기, 채소, 생선 혹은 곡물 등을 넣는다. 결국 만두는 '피'와 '소'로 만든 음식의 통칭이다. 만두饅頭는 중국에서 건너왔고 당연히 한자 이름이다. 그러나 중국인들의 만두는

숙주 위에 올려진 바르샤바의 만두. 프롤레타리아 메뉴는 가볍지만, 그 안에는 진중한 민중의 삶이 담겨 있다.

프랑스산 숙주. 한흥서림에서 발간한 『조선무쌍신식요리제법』에는 숙주의 어원에 대한 풀이가 나온다. 단종에 절개를 지킨 사육신과는 달리 수양대군에게 의탁한 신숙주를 비하하는 의미에서 잘 변질되는 녹두의 순을 숙주라고 불렀다. 만두를 만들 때 숙주를 다져 넣는 것은 신숙주를 짓이긴다는 의미를 가진다. 폴란드 만두에도 숙주나물을 다져서 소를 채우는 것을 보면 맘에 안 드는 위정자가 있었나 보다. 전설은 삼천리를 넘어 흐른다.

래디컬한 래디시

바르샤바의 군만두. 만두는 가장 많은 나라에서 즐기는 음식이다. 전 세계의 다양한 팬 위에서 수많은 덤플링이 텀블링을 넘는다.

우리 만두와 다르다. 중국인들은 만두를 만두, 포자包子, 교자餃子 등으로 나눈다. 대략 '만토우', '파오츠', '쟈오지에' 정도로 발음한다. 포자는 둥글게 만든 다음 소룡포같이 꼭지 부분을 마치 보자기 묶듯이 틀어 올린 것이고, 교자는 반달같이 빚은 다음 손가락으로 끝부분을 붙인 것이다. 우리가 흔히 중식당에서 튀김만두로 먹는 것은 교자다. 한·중·일 3국이 공히 '餃子'로 쓰고 일본과 한국은 '교자'라고 읽고 중국은 '쟈오지에'라고 읽는다. 교자는 발효하지 않은 생피를 사용하고 포자와 만두는 발효한 반죽으로 피를 만드는데, 한국에서는 이 모든 것을 합쳐서 '만두'라고 부른다. 명동의 만두 노포 〈취천루〉에는 '교자만두'라는 메뉴가 있었다. 중국 화교들이 생각하기엔 분명 '교자'인데 한국인들이 하도 만두를 달라고 하니 붙인 이름이다. 중국인들은 '만두'가 제갈공명의 남만 정벌에서 유래했다고 믿고 있다. 노수에서 제를 지낼 때 사람 머리 모양으로 만두를 만들어 용왕을 속였다거나 남만인의 상투를 틀은 머리 모양으로 음식을 만들어 남만 정벌의 승리를 자축했다는 것이다. 그러나 이 이야기의 근원인 『삼국지연의』는 사실 소설책이고, 만두는 그 시기 이전부터 세계적으로 널리 분포했다.

「쌍화점」, 1270년경 지어진 고려 때의 향악곡이다. 이 오래된 유행가의 제목인 〈쌍화점〉은 만두 전문점을 의미한다. "쌍화점에 쌍화 사러 갔더니 회회아비가 내 손목을 쥐더이다."라는 이야기가 있는 것을 보면 이 만두가게의 주인은 '회회아비=아랍인=

색목인'이다. 만두는 고려시대 무역을 하러 들어온 아랍인들에 의해 한국에 전래된 것으로 보는 것이 정설이다. '쌍화' 혹은 '상화'의 어원에 대해서는 서리꽃이 앉은 것처럼 하얗다는 뜻으로 푼다. 그러나 문제는 밀가루다. 조선시대까지도 밀가루는 매우 귀한 식재료였다. 가판에서 파는 서민의 음식인 '상화'가 흰 밀가루였을 리 없다. 그렇기에 새로운 해석으로 등장하는 것이 만두를 찔 때 하늘로 올라가는 흰 연기를 보고 붙인 이름이라는 것이다. 만두가게에서 모락모락 피어오르는 하얀 김을 '상화'라고 불렀다고 한다.

만두는 피와 소의 무한 변주가 가능하다는 장점으로 중국에 가까운 우리나라, 일본 및 동남아시아뿐 아니라 중앙아시아, 러시아, 유럽, 인도, 아프리카 대륙까지 널리 퍼져나가 다양한 특색을 가지며 각자의 풍미를 자랑하는 음식이 되었다. 세계 각지에서 만두 덤플링dumpling은 다양한 모양새로 텀블링tumbling한다. 자글거리는 올리브유가 둘러진 철판에서 뒤지개로 뒤집히는가 하면 특별한 향신료와 채소로 밑간을 한 국물 속에서 휘휘 저어 돌아간다. 곡물과 채소, 육류 등 다양한 영양소가 균형을 이루고 자유로운 변형이 가능하다 보니 만두는 널리 사랑 받을 만도 하다.

부다페스트의
순댓국

줄줄이 비엔나의 시퀀스

셰프의 이야기에 비엔나가 등장한다면 염주 모양으로 줄줄이 달린 '비엔나 소시지'가 나와야 맞겠다. 오스트리아의 명물 비엔나 소시지는 맛있기도 하거니와 도시락의 추억을 불러내기도 하니 할 이야기도 많다. 그렇지만 아쉽게도 비엔나는 소시지의 도시가 아니라 음악의 도시. 오스트리아의 수도 빈(비엔나)에서 열리는 '빈 신년음악회 Neujahrskonzert in Wien'는 국내의 극장에서도 생중계를 할 만큼 세계적으로 유명한 행사다. 그해 레퍼토리에 따라 공연이 끝나면 다음 곡에 대한 암묵적 합의를 바탕으로 관객 모두가 앙코르를 외친다. 해마다 앙코르로 연주되는 곡만은 이미 정해져 있기 때문이다. 「아름답고 푸른 도나우 An der schönen blauen Donau」가 연주되면 지휘자는 돌아서서 오케스트라가 아니라 관객석을 바라보며 자못 근엄하게 지휘를 한다. 관객들은 박수와 환호를 보내며 마지막 앙코르 곡을 자유로운 분위기에서 즐긴다.

「아름답고 푸른 도나우」는 1867년 2월 비엔나에서 초연된 곡이다. 1866년 오스트리아는 프로이센과 전쟁을 치른다. 당시

부다페스트를 대표하는 음악가 리스트. 프란츠 리스트의 헝가리 광시곡은 클래식의 형식 위에 헝가리 민요의 가락을 얹는다. 그들의 역사는 강한 끈기를 가지고 음악과 음식 등 모든 문화에 영향을 미쳐 왔다.

독일 연방의 의장국이었던 오스트리아는 프로이센의 철혈재상이라 불리는 비스마르크의 탁월한 전략에 7주 만에 참패를 당하게 되고 독일 연방에 대한 영향력을 완전히 상실하게 된다. 패전의 우울함과 슬픔을 달래준 「아름답고 푸른 도나우」는 오스트리아 국민들의 마음속에 남아 이제 오스트리아를 상징하는 곡이 되었다. 그리고 매년 세계의 중심에서 음악으로 한 해를 여는 영광을 차지한다. 1868년 한 음악회가 끝나고 요한 슈트라우스 2세의 부인이 브람스에게 다가가 사인을 요청한다. 브람스는 「아름답고 푸른 도나우」 악보 한 소절을 그린 다음, 그 밑에 '불행하게도 브람스의 작품이 아님'이라고 적었다. 이 아름다운 왈츠 곡은 요한 슈트라우스 2세의 작품이다. 전쟁의 폐허 위에 피어난 왈츠의 아름다운 선율은 도나우강의 잔잔하지만 멈추지 않는 흐름을 닮았다. 그들은 절망의 순간에 더 절실한 희망을 노래했다.

도나우를 위한 노래들

오스트리아를 흐르는 도나우강에 요한 슈트라우스 2세의 멜로디가 잔잔히 흐른다면, 헝가리의 수도 부다페스트를 가로지르는 도나우강에는 리스트Franz liszt의 「헝가리 광시곡Hungarian rhapsodies」이 물결친다. 도나우강은 독일의 남부 검은 숲Schwarzwald에서 발원하여 오스트리아, 헝가리 등 여러 나라를 거쳐 흑해로 흘러 나가는 국제 하천이다. 원시 인도-유럽어로 다뉴Dānu는 '흐르다'라는 의미다. 독일과 오스트리아에서는 도나우강Donau, 슬로바키아에서는 두나이강Dunaj, 헝가리에서는 두나강Duna이라 부른다. 크로아티아, 세르비아, 불가리아, 루마니아, 우크라이나에서도 두나브, 두나레 등 각각의 언어로 부르니 가장 이름이 많은 강이다. 2,860km를 흐르는 도나우강은 헝가리 대평원을 지나 부다페스트에서 남쪽으로 방향을 바꾸어 천천히 발칸산맥을 통과한다. 도나우강은 우리의 한강처럼 동유럽 국가들의 젖줄을 자처하며 유유히 흘러간다.

프란츠 리스트는 근대 피아노기법을 창시한 작곡가이자 피아노 연주자다. 그의 연주는 빠른 속도로 질주하는 음형과 현란한 분산화음으로 유명하다. 리스트 이전까지 피아노 주자들은 관객을 등지고 연주를 했지만 리스트는 처음으로 피아노를 돌려 지금처럼 연주자의 옆모습을 볼 수 있게 했다. 스스로의 외모를 너무도 사랑한 그는 관중들의 부러움 어린 시선을 즐겼다. 우레 같이 건반을 내리치거나 때로는 부드럽게 어루만지는 그의 손가락과 잘생긴 옆얼굴은 관중을 열광시켰다. 리스트의 헝가리 광시곡만큼이나 부다페스트의 문화를 대표하는 곡이 브람스Johannes Brahms의 「헝가리 무곡Hungarian dances」이다. 이 두 곡은 헝가리의 차르다시csárdás라고 하는 민속 춤곡에 뿌리가 닿는다. 당김음이 가지는 특유의 리듬과 집시 음계의 이색적인 느낌을 그대로 살려 클래식의

부다페스트의 레스토랑에서는 '차르다시'라고 하는 집시 음악이 연주된다. 헝가리의 식당은 가장 글로벌한 보편성과 민속적인 이국성이 공존한다. 역사를 닮는 것은 문화를 만들어가는 과정이다. 헝가리의 식문화는 그것을 극적으로 보여준다. 단순하게 떡볶이에 치즈를 넣는 것은 퓨전이 아니라 컨퓨전confusion이다. 새로운 문화는 도나우강의 강물처럼 잔잔하지만 강인하게 흘러서 온다.

악보 위에 옮겨 헝가리만의 정서를 전달한다.

부다페스트의 레스토랑들은 리스트의 헝가리 광시곡, 브람스의 헝가리 무곡과 결을 같이한다. 많은 레스토랑들이 리스트의 작업처럼 헝가리의 전통 메뉴들을 보편적인 코스의 리듬 위에 얹는다. 자신들만의 색채를 유지하면서도 어느 나라 사람이 먹어도 불편하지 않도록 이야기를 풀어간다. 한국에서도 '한식의 세계화' 정책이나 최근의 컨템포러리contemporary 한식 식당들이 식문화의 융합을 시도하고 있지만 아쉬움이 크다. 글로벌 시대에 들어서며 세계적으로 이러한 추세는 계속 강해지고 있다. 의외로 그 결과물이 가장 성공적으로 안착한 곳이 부다페스트다. 다른 곳과는 분명히 다른 헝가리의 전통요리들이 편안하게 재해석된다. 코스의 리듬은 부드럽고 서구의 와인도 편안하게 조화를 이루어 서빙된다. 식사가 진행되는 동안 악단은 첼로나 바이올린과 같은 클래식 악기들과 헝가리 민요 연주에 사용되는 전통 악기들로 협연한다. 실로폰과 비슷한 건반 역할을 하는 쳄발로cymbalo, 기타와 바이올린을 합쳐놓은 듯한 전통 현악기 덜시머dulcimer는 이국적이면서 익숙한 편안함을 선사하여 식사 자리는 더욱 풍성해진다.

글루미 선데이

헝가리 미식의 중심에는 1894년부터 운영해 온 레스토랑

〈군델Gundel〉이 있다. 이곳 또한 헝가리 전통음식들을 재해석해서 코스 형식으로 전개한다. 오래된 악단이 연주하는 차르다시 음악은 식사의 몰입도를 높이고, 호소하는 듯한 멜로디 라스lassú와 빠르고 격정적인 프리스friss는 그들의 고된 역사를 대변하는 스튜와 잘 어우러진다.

　　군델은 우리나라에서도 인기를 모은 영화 「글루미 선데이」의 배경이 된 식당이다. 1999년 슈벨Rolf Schubel 감독의 「글루미 선데이Gloomy Sunday, Ein lied von liebe und tod」는 실화를 소재로 한 바스코프Nick Baskow의 소설 『우울한 일요일의 노래』를 각색한 영화다. 1935년의 헝가리는 독일의 지배를 받던 암울한 상황이었다. '인종청소'라 불린 홀로코스트가 자행된 시대에 부다페스트의 작은 레스토랑을 경영하는 유대인 자보와 웨이트리스 일로나, 그리고 피아니스트 안드라스의 이야기는 현재까지도 이 식당의 음식들에 놀라운 생명력을 불어넣는다. 영화 「글루미 선데이」에서 안드라스가 연주하는 곡은 1933년 발표된 레스 소 세레스의 노래다. 자살의 송가로 알려진 이 노래는 한국어를 비롯해 수많은 언어로 번안되어 널리 불렸다. 우리에게는 1941년 빌리 홀리데이의 커버가 유명하다. 대공황과 파시스트가 지배하는 세계에서 미래에 대한 우려를 담아 만들어졌다고는 하나 그 멜랑콜리한 음률은 도나우강에 슬픈 사건들을 불러일으켰고, 작곡가 또한 1968년 1월 도나우강에 투신하게 된다. 당시 영국의 BBC에서는 빌리 할리데이의 이 노래가 방송되는 것을 전면 금지했다가 2002년에 와서야 해

제했다.

헝가리의 역사는 부다페스트에 새로운 먹거리 문화를 만들어내기도 한다. 루인펍ruin pub, Romkocsma은 말 그대로 폐허ruin에 만들어진 펍이다. '폐허의 역설'이라 불리는 루인펍들은 과거의 상처가 남아 있는 낡은 건물들을 그대로 살려 영업을 하고 있다. 유대인 거주지역인 페스트지역 제7구는 유럽에서 가장 큰 유대교 예배당 시너고그Synagogue를 중심으로 2차 세계대전 당시 유대인 홀로코스트holocaust가 가장 많이 이루어진 곳이다. 그러나 오늘날 부다페스트의 사람들은 그 아픈 역사를 외면하지 않고 오히려 직시하여 이곳에 새로운 문화의 꽃을 피워내고 있다. 짝이 맞지 않는 의자들처럼 불안하지만 그 안에서 조화를 만들어내는 놀라움을 보여준다. 그들은 진정한 '문화의 힘'이 무엇인지 잘 알고 있다.

해장

요한 스트라우스 2세로부터 영화 「글루미 선데이」에 이르기까지 도나우강의 물살은 많은 이야기를 던진다. 여기에 루인펍의 밤 이야기가 얹히면 분명 정신적 육체적 소화를 위한 해장이 필요하다. 다행히 헝가리에는 굴라시goulache를 비롯한 다양한 국요리들이 있다. 그중 이채로운 것이 소내장탕이나 순댓국 정도에 해당하는 플라키flaki 스튜다. 국어 맞춤법 중 자주 틀리는 어려운

부다페스트의 갈비탕. 해장을 위한 음식은 전날의 기억을 해쳐서는 안 된다.

것이 사이시옷이다. 맞춤법 규정에 따르면 사이시옷은 합성어의 사이에서 뒷말이 된소리로 발음될 때 두 단어의 사이에 들어간다. 순대와 국의 합성어인 순댓국은 한 단어가 되면서 사이시옷이 들어간다. 사실 순대 국밥은 순댓국밥도 순대국밥도 아닌 순대 국밥으로 표기하는 것이 맞다. 국에 토렴한 밥은 하나의 음식으로 보지 않기 때문에 두 단어가 되는 것이다. 이렇게 조어의 과정에서 보이듯 해장은 간결해야 하며 전날의 기억을 해쳐서는 안 된다.

바르샤바의 내장탕 플라키Flaki. 동유럽의 해장을 위한 수프는 긴 밤의 이야기들만큼이나 다양하다.

이것이 해장에 있어 한 단어, 한 그릇 음식들이 필요한 이유다. 그런 관점에서 피자나 햄버거로 해장을 한다는 유학생들의 스토리도 이유가 있는 말이다.

부다페스트나 바르샤바와 같은 동유럽 도시의 해는 늦게 지고 쉽게 떠오른다. 파리와의 직선거리는 1,600Km가 넘는다. 동경 21도 00분 30초. 서유럽과 많이 떨어져 있지만 파리 표준시

GTC+1를 쓴다. 이 시간대를 사용하는 가장 서쪽 도시는 카사블랑카, 서경 07도 35분이다. 태양이 뜨고 지는 천문의 시간과 잠들고 일어나는 생활의 시간 사이에 두 시간이 넘는 시차가 있는 것은 동서의 경도 차이가 크지만 같은 시간대를 사용하기 때문이다. 그래서 동유럽은 해가 진 뒤 두 시간 더 생활한다. 동유럽의 다양한 해장국 문화에는 이러한 시간의 역할도 크다. 짧은 아침과 긴 밤은 충장充腸과 해장의 반복이 필요했던 것이다. 호밀로 만드는 담백한 수프 주레크zurek, 내장탕과 순댓국의 중간 정도인 플라키flaki, 산뜻한 오이 수프 오고르코바zupa ogórkowa, 든든한 수제비 라네카스로rosót lanecasro, 산딸기 수프 오보코바zupa owocowa, 식이섬유로 까실하지만 대장의 부담을 신속하게 덜어주는 보리죽 크르프니크krupnik, 선지국 체르니나czernina.

부다페스트의 해장을 위한 수프는 밤의 이야기만큼이나 다양하다.

몽마르트의 카바레

해장이 절실하게 필요한 곳이 서유럽 프랑스에도 있다. 사크레쾨르 대성당Basilque du Sacré-Cœur은 에펠탑, 노트르담 대성당과 더불어 파리의 랜드마크다. 그러나 이름이 낯설다. 사크레쾨르 대성당은 몽마르트 언덕Montmartre 위에 위치한 둥근 돔 지붕을 가진

성당이다. 이름은 익숙하지 않지만 파리를 방문한 여행자라면 으레 들려봤을 곳이다. 사크레쾨르 대성당은 종교적이나 역사적으로 중요한 의미를 가진다. 파리 코뮌도 이 성당에서 시작되었다. 그러나 몽마르트 언덕이 명소가 된 것은 이 성당 때문만은 아니다. 1880년대 이후, 역설적으로도 이 성스러운 언덕 남쪽 비탈면에 카바레cabaret들이 들어선다. 수많은 당대의 예술가들이 언덕 기슭에 있는 클리시, 블랑셰, 피가르 등 테르트르 광장 부근으로 몰려들었다. 그리고 붉은 풍차라는 이름의 카바레 물랑루즈moulin rouge의 캉캉춤은 몽마르트의 예술과 환락을 상징하게 되었다. 카드리유quadrille라고 불리는 캉캉cancan춤은 당시의 도덕관념만큼이나 유연한 문화의 일면을 대변한다고 볼 수 있다. 물랑루즈의 화가 툴루즈 로트레크를 비롯해 무용수 잔 아브릴, 익살꾼 샤 유 카오, 샹송 가수 미스탱게트, 영화배우 모리스 슈발리에 등 예술가들은 밤 늦게까지 몽마르트의 화려한 밤 문화를 즐겼다.

  몽마르트 언덕 주변의 비스트로들은 프렌치 어니언 수프로 유명하다. 바게트를 구워낸 크루통과 그뤼에르 치즈가 토핑된 어니언 수프는 그들을 위한 해장국이었다. 어니언 수프는 양파보다는 베이스가 되는 육수가 중요한데, 소뼈와 여러 채소들을 넣어 오랫동안 끓인 뽀얀 포타주potage는 아미노산과 미네랄이 듬뿍 들어간 영양의 보고다. 여기에 캐러멜라이즈caramelize한 양파의 셀룰로오스는 해장을 돕는다. 찬밥을 뜨거운 국에 토렴하듯 바게트 쿠르통을 수프에 넣어 부드러워지도록 오븐에서 다시 한 번 익히면 짭조름한 그뤼에르 치즈는 마치 깍두기 국물마냥 수프를 훌훌 넘어가게 한다. 우리는 서양 음식이 느끼해야 이국적이라는 생각을 가지고 있다. 그러나 이러한 선입견은 프랑스 사람들이 먹어도 느끼한 한국식 어니언 수프를 만들었기 때문이다. 프랑스의 진정한 어니언 수프는 툴루즈 로트레크가 아침에 먹었던 몽마르트의 어니언 수프처럼 전혀 느끼하지 않고 오히려 파리 예술가들의 위장을 달래주는 훌륭한 해장국이었다.

런던의
카레

'사랑의 열매', '금빛 사과', '늑대의 복숭아'로 불린 토마토

라 토마티나la tomatina. 스페인 발렌시아에 있는 도시 부뇰에서 8월 마지막 수요일에 열리는 토마토 축제다. 세계 각지에서 모여든 사람들은 토마토를 던지며 한여름의 스페인을 만끽한다. 붉은 토마토만큼 스페인다운 게 또 있을까. 그러나 토마토는 스페인의 토착 채소가 아니다. 프랑스의 프로방스를 비롯해 이탈리아, 스페인, 그리스 등 지중해 연안을 대표하는 채소인 토마토가 유럽에 널리 퍼지고 식용으로 이용되기 시작한 것은 16세기 이후다. 처음 스페인을 통해 남미의 이 신기한 채소가 유럽으로 전해졌을 때 사람들은 '늑대의 복숭아', '악마의 버찌', '아담의 사과'라고 부르며 두려워했다. 심지어 성서에 나오는 붉은 선악과가 바로 토마토라고 믿기까지 한데다 성직자들은 성경을 흔들어대며 토마토를 먹지 말 것을 권고했다. 어렵게 토마토를 수입해온 상인들은 의외의 난관에 가로막히게 되자 토마토를 알리기 위한 행사를 기획했다. 포르투갈의 로시우 광장에서 모험가임을 자처한 한 수입상이 사람들 앞에서 토마토를 한 입 베어 무는 퍼포먼스를 보이기

남미의 작물인 토마토가 유럽에 전래된 것은 그리 오래된 일은 아니다. 그러나 이제는 유럽의 식탁에서 빠질 수 없는 식재료가 되었다. 유럽의 종자 데이터베이스에만 3,800여 종의 토마토가 등재되어 있다. 프랑스에서는 48여 종의 토마토가 식탁에 오른다. 왼쪽부터 시계방향으로, '황소의 심장'이라고도 불리는 루디 이모의 보라색 조롱박 토마토 Annt rudy's purple calabash, 녹색 체로키 인디언 부족의 보물 German green cherokee, 경이로운 줄무늬의 코냑 빛 토마토 Heirloom marvel striped brandy wine.

토마토 파르시. 파르시는 '채우다'라는 프랑스 단어에서 왔다. 조개, 토마토, 가지 등에 소를 채운 다양한 음식을 파르시라고 한다. 프랑스 대부분의 시장에서 쉽게 찾을 수 있다. 주로 밥하기 귀찮은 날 서너 알 사다가 먹는다.

로 한다. 그들은 이 퍼포먼스로 토마토가 맛있게 보이도록 하기 위해 거울을 보고 연습까지 했으나, 과즙이 입가에 흐르는 것을 보고 사람들은 그 자리에서 기절하고 만다. 심지어 그 사건으로 사망자가 있었다는 기록까지 전해져 내려오니 무척이나 괴상하게 여겨진 것은 사실이다. 심지어 '토마토'는 원래 토마토를 일컫는 단어가 아니다. 스페인어로 토마티요tomatillo는 꽈리를 뜻하는 단어다. 모양이 꽈리와 비슷하다고 하여 토마테tomate라고 불렀다. 이탈리아에서는 노란색 씨앗이 과육 안에 자리 잡고 있다는 연유로 황금색 사과, 포모도르pomodore라 부르고, 프랑스에서는 구약성서의 선악과에서 유래한 사랑의 사과pommes d'amour라고 한다. 지금은 지중해 주변의 남부 유럽을 상징하는 토마토가 유럽으로 입성하여 자리잡기까지는 생각보다 고달픈 사건들이 있었다.

프랑스의 아침 식사를 대표하는 크루아상

카페의 테라스와 커피, 그리고 크루아상 한 조각을 생각하면 파리의 아침 풍경이 떠오른다. 크루아상은 단순히 빵의 한 종류를 넘어 '프렌치 시크'로 대변되는 파리의 문화를 함의한다. 그러나 사실 크루아상은 프랑스 국적을 가진 음식이 아니다. 서구의 많은 나라에서 사랑받는 크루아상인 만큼 그 역사에 관해 많은 설이 내려온다. 그중 가장 유명한 일화가 오스만과 오스트리아에 얽힌 이야기다. 어느 나라에서나 제빵사는 아침으로 먹을 빵을 준비하기 위해 누구보다 일찍 새벽을 연다. 오스만제국이 유럽을 침공하던 시대, 어느 날 새벽에 빵을 만들던 한 제빵사는 오스만 군대가 오스트리아를 공략하기 위해 지하에서 땅굴을 파는 작업소리를 듣게 된다. 제빵사의 신고로 이를 알게 된 오스트리아는 오스만 제국의 침공을 막아낼 수 있었다. 이 공을 높이 산 오스트리아의 왕이 제빵사에게 상을 내리기로 하자 영리한 제빵사는 초승달

크루아상은 프랑스를 상징하는 빵이지만 아랍어로 초승달을 의미하는 할랄al-hilāl에서 이야기가 시작된다.

모양의 빵에 대한 특허권을 요청한다. 오스만의 상징인 초승달 모양의 크루아상은 그렇게 시작되었다. 이후 오스트리아의 공주 마리 앙투아네트가 프랑스 앙리 16세의 왕비로 정략결혼을 하게 됐고, 그녀가 고향을 그리며 엘리제궁의 요리사에게 크루아상을 만들게 하면서 크루아상이 프랑스에 전해졌다. 그러나 프랑스인이 가장 사랑하는 빵을 전해준 마리는 단두대의 눈물로 화했고, 아직까지도 이슬람의 몇몇 나라에서는 오스만의 패전을 조롱하는 초승달 모양의 크루아상은 판매가 금지되어 있다.

이렇듯 전쟁은 역설적으로 단절되어 있던 경계를 허물고 문물을 소통시킨다. 그리고 그 과정에서 새로운 문화를 만들어내고 지배하는 쪽과 지배 받는 쪽 양방향으로 흘러들어 간다. 영국이 인도를 정복한 시절 인도의 커리는 영국으로 건너가 커리가 되었다. 영국 해군이 즐기던 커리는 일본 해군에 의해 카레가 된다. 전쟁의 포화 속에서 커리는 오뚜이처럼 세계여행을 이어간다. 커리의 노랗고 매콤한 아이러니는 그렇게 세상을 물들이게 된다.

카레의 세계여행

우리네 집집마다에는 들통만 한 커다란 냄비가 하나씩은 있다. 이 녀석들의 용도는 대개 곰탕, 육개장 혹은 카레를 끓이는 것이다. 그 시절 한 솥의 카레가 끓고 있으면 우리는 어머니의 외출을 직감한다. 많은 사람들이 여행을 앞두고 맛집의 추천을 부탁한다. 그중 영국의 맛집 추천은 참 어렵다. 샌드위치라는 지역에서 샌드위치를 주문하면 우리가 알던 그 샌드위치의 모습이 아니다. 에그 베네딕트는 원래 미국식 음식인 데다 조식용이다. 피시 앤드 칩스는 제발 넣어두자. 물론 자타가 공인하는 영국 최고의 음식은 기네스북을 발간하는 것으로 유명한 맥주회사 기네스의 '기네스 드레프트'다. 그러나 맥주만 마실 수는 없으니 이것도 배제한다. 사실, 런던에서 쉽게 찾을 수 있고 그들이 즐겨 먹는 음식

중 하나는 커리다. 런던과 커리는 어울리지 않을 것 같지만 동인도회사로부터 시작된 긴 역사를 가진다. 그렇다 해도 런던의 카레, 여행자에게는 아무래도 인스타그래머블instagramable하지 않다. 영국에서 커리라니.

  타밀어 혹은 힌디어로 '카리'는 국물 또는 소스를 뜻한다. 인도나 남아시아에서 커리는 노란색의 특정한 소스를 가리키는 고유명사가 아니라 각종 재료에 여러 가지 향신료를 넣어 끓여 만드는 음식 전체를 일컫는다. 우리가 생각하는 강황, 울금 등을 주로 사용해서 만드는 조합은 '마살라'에 가깝다. 1772년 초대 인도 총독 웨런 헤이스팅스가 동인도회사를 통해 향신료와 쌀을 영국에 소개하면서 커리가 유럽에 알려지게 되었다. 그러나 영국인들이 인도인처럼 여러 가지 향신료를 배합해 쓰는 것은 어려운 일이었다. 이에, 크로스 앤 블랙웰사에서 여러 향신료를 영국인의 입맛에 맞게 배합해 만든 커리가루인 'C&B 커리 파우더'를 선보이면서 영국의 가정에서 일상적인 요리로 발전할 수 있었다.

  국물 음식에 가까운 인도식 카리와 달리 영국에서 커리는 서양식 스튜와 같이 밀가루를 버터에 볶은 루roux를 섞어내기 때문에 걸쭉한 형태를 띤다. 이것은 인도에 주둔하던 영국 해군이 쇠고기 스튜의 묵은내를 없애기 위해 커리 가루를 섞은 것이 시초다. 또한 채소와 콩 등을 주재료로 하는 경우가 많은 인도식 커리에 비해 영국의 커리는 쇠고기가 중심이 되는 경우가 많다. 이 또한 당시 영국의 중산층 가정에서 일요일 점심으로 로스트 비프를

인도에 주둔하던 영국 해군이 쇠고기 스튜의 묵은내를 없애기 위해 커리 가루를 섞은 것을 시초로 카레는 영국을 대표하는 음식이 되었다.

먹는 풍습의 영향 때문이다.

  탄두르에서 구운 닭고기를 부드러운 커리 소스에 끓여낸 치킨 마살라는 '영국을 대표하는 요리' 가운데 하나로 여겨진다. 영국 전역에는 12,000곳의 커리 하우스가 있다. 영국에서 커리 하우스는 인도음식점과는 다른 카테고리의 식당이다. 커리 하우스에서 주문할 때 사용되는 단어는 영국과 인도 양쪽 모두와 다르다. 뜨겁고 약간 신맛의 커리인 마드라스 커리는 영어도 아니고 인도에서 통용되는 말도 아니다. 코코넛파우더를 뿌린 코르마 커리, 고추가 들어 있는 나가 커리, 렌틸 콩을 넣은 쌈바 커리 모두 커리 하우스만의 언어다.

  일본에서는 메이지 유신 무렵 가나가와현의 요코스카항에 정박해 있던 영국 왕립 해군 기지에서 커리 가루를 이용한 스튜요리를 먹던 것이 일본 제국 해군의 군대 식사로 도입되었다. 이때 커리를 밥 위에 건더기와 함께 끼얹어 먹는 카레라이스가 만들어졌으며, 이후에 전역한 군인들이 요코스카 군항 근처 및 각자의 고향에서 '카레 집'을 차리면서 카레가 전국적으로 퍼져나가게 되었다. 이렇게 일본식 카레는 요쇼쿠(일본식 양식)의 일종으로 받아들이게 되었고, 지금은 일본에서 가장 인기 있는 음식의 하나로 자리잡았다. 카리에서 커리로, 커리에서 카레로 이어진 세계여행을 통해 커리는 세 나라 모두의 대표음식이 된다.

이스탄불의
고등어

고등어 한 손은 두 마리다. 조기 한 두릅은 스무 마리. 북어 한 쾌, 명태 한 패, 오징어 한 축 모두 스무 마리다. 양말이 한 켤레에 두 짝인 것처럼. 양말이야 한 짝만으로는 효용이 없다지만 생선은 한 마리면 못 먹는 것도 아닌데 두 마리를 기준으로 헤아린다. 과거 얼음이나 냉장고가 없던 시절에 생선을 가판에 내어놓는 것은 불가능했다. 반나절이면 상하고 벌레가 꼬였기 때문에 새끼줄로 꿰어 처마에 걸어두어야 했기에 균형을 맞추기 위해 왼쪽과 오른쪽 두 마리씩 판매를 했다. 그래서 생선은 두 마리씩 짝을 지어 헤아려진다. 시장에서 고등어 한 손을 주문하면 배를 갈라 손질한 고등어를 포개어 준다. 생선장수는 억척스런 억양으로 원래 고등어 한 손은 큰 놈과 작은 놈을 포갠 단위라고 우긴다. 사실 그렇게 팔게 된 역사로 거슬러 가면 한 손의 두 마리는 무게가 같아야 정상인데 말이다.

특별한 단위를 갖추고 우리 생활에 깊이 들어와 있는 것들 중 고등어는 한국을 대표하는 어족 중 하나다. 고등어는 한류성과 난류성 두 종류가 있다. 일본의 북쪽 오호츠크해나 노르웨이의 북

발릭에크멕. 이스탄불의 고등어빵은 대표적인 거리의 음식이다. 터키의 위정자들은 선거철이 되면 시장통에서 고등어빵을 먹으며 서민적인 이미지를 어필한다.

대서양 찬 바다에서 잡히는 고등어가 있고, 한국의 연해나 터키의 마라마르해와 같이 비교적 따뜻한 바다에서 잡히는 종류가 있다. 이들은 크기, 맛, 모양에서 모두 다른데, 차가운 바다의 고등어는 비린내가 적고 기름지며 크기가 큰 반면 연안의 고등어는 살이 차지고 부드러우며 담백하다. 유럽지역에서는 지중해나 그 연안의 고등어와 비교해 북대서양 고등어를 노르웨이고등어라 칭한다. 노르웨이고등어의 정확한 명칭은 북대서양고등어다. 북대서양고등어와 비슷한 오호츠크해의 일본산 고등어는 망치고등어라고 부른다. 고등어의 한 종류를 칭하는 노르웨이고등어는 노르웨이산 고등어와 구분해서 받아들여야 한다.

대서양의 항구도시 덩케르크의 수제 크림 붕어빵. 프랑스 붕어빵에도 붕어는 들어가지 않는다.

이스탄불의 명물 '고등어케밥'은 사실 케밥이 아니다. '고등어빵'이 정확한 명칭이다. 고등어케밥의 터키식 이름은 발릭에크멕balik ekmek이다. 발릭은 생선을, 에크멕은 빵을 의미하며, 고등어처럼 등푸른 생선을 지져서 양파, 피망, 토마토 등 채소와 함께 빵 사이에 끼워 먹는 길거리 음식이다. 주로 레몬즙을 뿌리고 매운 고추 소스를 곁들인다. 1990년대 초 보스포루스 해협에는 작은 보트에 10여 명의 관광객을 태우고 고등어를 낚아 선상에서 바로 구워주는 발릭에크멕 보트가 유행했다. 이 보트는 2004년 환경문제로 이스탄불 보존위원회에 의해 금지되었고 지금은 다리 아래의 식당들에서 고등어빵의 이야기를 이어가고 있다.

고등어는 세계 각지에서 잡힌다. 생선에게는 국경이 없다. 갈라파고스 제도에서 다윈이 연구한 것처럼 종의 다양성이 확연한 것은 아니지만 뭍의 채소들은 나라마다 그 생김이 조금씩 다르다. 물론 맛도 그 풍토와 기후에 맞춰 다르다. 그러나 어시장의 물고기 생김새는 국경을 건넌다 하여 크게 달라지지 않는다. 터키의 고등어도 동그란 눈알로 바라보고 있으며 지중해의 아귀도 못생기긴 매일반이다.

프랑스 여행자를 위한 어식 도감

지중해의 낭만을 품은 니스, 몽펠리에, 앙티브, 코르시카 섬. 대서양의 파도가 만든 아름다운 경관의 몽생미셸, 셰르부르, 레만 호수에 위치한 물의 도시 에비앙. 북해의 신선함을 간직한 노르망디의 포구들. 지중해와 대서양, 북해와 레만 호수를 가지고 있는 프랑스는 유럽 해산물의 보고다. '맛에 관해서는 논증이 불가능하다sobre los gustos, no hay disputa'라는 스페인 속담과 같이 육식과 어식의 장단에 대한 논쟁도 결코 끝날 수 없다. 오랜 시간 천천히 조리한 가자미 솔 뫼니에르의 부드러운 살코기는 형용할 시간조차 주지 않고 입 속에서 금세 녹아 사라져버린다. 로즈메리 향으로 버터에 구워진 신선한 관자, 코키유 생 자크coquille saint jacques 한 점에서 끝없이 흘러나오는 육즙은 어금니 어딘가에 미각세포가 있는 것이 아닌가 하는 착각을 불러일으킬 정도다. 다양한 어종만큼이나 어식의 즐거움도 다양하다.

대서양의 하얀 포말을 품은 굴 요리 위트르

대서양의 새하얀 포말을 품은 석화에 라임 한 방울이 떨어지면 라임 향을 뒤쫓아 산뜻한 굴의 향이 올라온다. 그리고 입안에 머금은 루아르 화이트 와인 푸이-퓌메Fouilly-Fumé가 굴과 시트러스의 잔향을 담아 식도를 타고 내려갈 때, 벼락치는 듯한 전율은 바다에 대한 수많은 경험들의 종착점이라 할 만하다. 높은 옥타브의 검은 건반을 경쾌하게 두드리는 비바체의 선율을 담은 석화의 신선한 연주는 익힌 굴 요리에 와서는 풍미와 식감을 더해 감미롭고 부드러운 아다지오를 향해 흐른다. 겨울을 재촉하는 비가 내리는 미항 셰르부르의 부두에서 만나는 백포도주로 졸여낸 굴 스튜는 가장 잔인한 가단조라고 하는 슈베르트의 연가곡「겨울 나그네」를 떠오르게 한다. 프랑스식 굴 스튜는 화이트 와인과 버터에 볶은 양파를 넣고 작은 냄비에서 졸인 다음, 여기에 신선한 계란과 식초로 만든 마요네즈를 넣고 한소끔 더 끓여낸다. 이외에도 지중해와 대서양 쪽에서는 지방마다 특유의 향신료인 스타 아니스, 클로브, 레몬, 매자 열매 등을 이용한다. 타이방의 요리를 계승한 로버트 메이는 1985년『세련된 요리사』라는 책에서 다양한 굴 스튜

프랑스 궁정의 굴 스튜. 타이방Taillevent이라는 별명으로 더 유명한 샤를 5세의 궁정 요리사 기욤 티렐 Guillaume Tirel이 쓴 『르 비앙디에 Le Viandier』의 굴 스튜 레시피는 아직까지도 현업 셰프들에 의해 이어지고 있다. "굴은 살짝 데치고 채 썬 양파와 함께 기름에 볶는다. 굴을 데친 물은 걸러내 시나몬(계피), 진저(생강), 클로브(정향), 샤프란, 후추와 함께 걸쭉하게 끓인다. 완두콩 퓌레를 올려낸다." _『르 비앙디에』 Guillaume Tirel, 1390

를 제안하며 굴은 언제나 살짝 데쳐야 한다고 강조한다.

"마침내 내 몸이 이상해졌다. 거리에서 풍겨오는 냄새에서 나는 1,000가지를 구분할 수 있었는데, 레스토랑의 불빛과 거리의 가로등이 번개처럼 빛나는가 하면 전에는 알지 못한 사물들이 눈에 들어오기 시작했다. 곧이어 나는 메뉴판을 읽었다. '굴.' 이상한 말이었다. 내 나이 여덟 살 하고 3개월이나 되었지만 아직 들어보지 못한 단어다. 무

슨 뜻일까? 건물 주인의 이름인가? 건물 주인의 이름을
메뉴판에 써붙이진 않는데…."

_「굴」, 안톤 체호프

안톤 체호프는 「굴」이라는 소설에서 소년이 처음으로 프랑스식 굴 요리를 먹는 장면을 묘사한다. 입맛이라는 것에도 어떤 사춘기의 시기가 있어 생존의 식탐이 아닌 쾌감의 탐식을 나누는 경계가 있다면 그 지점에 놓이는 것이 굴 요리다.

식재료에 대한 선입관. 우리는 유럽 사람들이 오징어류나 눌린 머리고기 같은 돼지 부산물, 모둠 조개찜 같은 것들을 먹지 않을 것이라는 알 수 없는 강한 믿음이 있다. 그렇기에 그들의 시장에서 만나는 누른 고기 테린terrine이나 아귀와 같은 생선들은 매우 낯설게 느껴진다. 특히나 다양한 생선과 어패류 그리고 그것들의 요리 레시피에서 당연히 우리만의 것이라 생각했던 재료와 조리법을 만날 때 느끼는 이질감은 상당히 독특하다. 레만 호수에서 갓 잡은 송어회 타르타르tartare de truite에 라임을 뿌리고 허브를 올리는 프렌치 셰프의 진지한 손끝을 보고 있으면 시쳇말로 '스키다시'라고 하는 9,900원 광어회의 밑반찬을 젠체하려 했던 마음이 사라진다. 프랑스 셰프들 또한 홍합이 프랑스 고유의 음식재료라고 생각하는 경향이 강하다. 선술집에서 값을 받지 않고 내줄 만큼 흔하게 먹는 것이 홍합이라 하면 결국 믿지 못하고 다시 그들

물 프리트는 홍합과 감자요리다. 물은 홍합, 프리트는 프렌치프라이 감자를 의미하는 프랑스어 단어다. 전치사 아(à) 다음에는 소스의 종류가 붙는다. 크렘은 크림소스, 마리니에르는 오일 베이스의 해산물 맛을 의미한다.

생자크Saint-Jaque는 가리비나 키조개의 관자를 의미하는 프랑스 말이다. 산티아고 순례길을 창시한 수도승 성 자크의 휘장이 가리비 모양인 데서 유래했다. 생자크는 프랑스인이 가장 사랑하는 해산물 중 하나다.

의 홍합 레시피 이야기로 말을 돌린다. 홍합에 대한 그들의 애정은 그렇게 각별하다.

　　홍합 특유의 감칠맛은 조미료로 널리 사용된다. 프랑스의 홍합요리 물 프리트도 홍합의 향을 소스에 배게 하는 데 집중한다. 여타의 쪄내는 요리가 주 재료에 향신료로 소스의 맛을 덧대는 것이라면 홍합요리는 거꾸로 홍합의 맛을 꺼내는 작업이다. 홍합의 짭조름한 맛이 소스로, 그리고 다시 감자로 전달되는 일련은 물 프리트를 만드는 과정이 된다.

메뉴판에서 물고기를 선택하기

　　비프와 포크 그리고 코크는 그나마 소, 돼지, 닭으로 구별이 되지만 생선의 요리들은 사실 메뉴판으로 구별이 쉽지 않다. 여행자들은 난해한 생선의 이름 때문에 강제로 육식주의자가 되기 마련이다. 생선요리를 좋아한다면 우선 메뉴판에서 생선요리 poissons 카테고리를 살펴보자. 'Sole'은 가자미다. 솔 뫼니에르라는 가자미 구이는 매우 유명하다. 뫼니에르meunière는 버터로 굽는 조리법이고, 종종 혼동되는 마리니에르marinière는 '마린'의 어원을 가진 바다풍의 요리를 의미하는 다른 단어다. 이외 poissons 메뉴판의 주인공들은 노랑촉수rouget barbet, 아구lotte, 도미daurade, 농어bar, 숭어mulet, 대구cod 정도다.

물고기 이름들의 낯선 단어를 보면 주문이 어렵지만 알고 나면 같은 물고기다. 사람이 만든 국경의 구획은 바닷속에서는 무의미하다. 물고기는 여권 없이 전 세계의 바다에 자유롭게 유영한다.

래디컬한 래디시

푸르츠 드 메르. 바다의 과일이라는 의미로 해산물을 지칭한다. 삼단 트레이에 다양한 해산물이 나온다. 작은 양파 샬롯과 시드르 비네거 소스, 아이올리 소스 등이 함께 나온다. 다만, 초고추장이 아쉽다.

식탁을 압도하는 바다의 향기, 푸르츠 드 메르

물고기를 제외한 해산물은 프랑스어로 바다mer의 과일friuts이라 부른다. 푸르츠 드 메르는 파리의 몇몇 전문점은 물론 지중해와 대서양의 연안에서 맛볼 수 있는 해산물 요리다. 여러 단으로 된 트레이 위에 굴, 새우, 골뱅이와 홍합, 대수리, 가리비와 같은 해산물들이 오른다. 지역에 따라 그곳의 특산물인 블루크랩,

크레이피시, 랍스터 들을 한가운데 놓는다. 같은 새우나 굴이라도 어떤 바다에서 나는지에 따라 풍미가 다르다. 담백한 지중해의 맛과 풍부한 대서양의 향이 주는 차이도 이채롭게 다가온다. 굴은 다진 샬롯과 고추, 식초로 만드는 미뇽 소스, 새우는 고추냉이와 토마토로 만드는 칵테일 소스, 골뱅이와 소라는 아이올리 소스를 찍어 먹으면 맞춤하다.

솜씨 있게 조리된 생선요리, 짙은 풍미를 주는 게요리, 포구의 이야기를 담고 있는 굴과 조개들은 무궁무진한 미각적 쾌락의 원천이다. 땅이 끝나는 곳까지 달려온 여행자들은 더 들어갈 수 없는 미지의 영역, 그 속살을 미감으로 느낄 수 있다.

마르세유의 생선찌개

마르세유의 생선찌개, 부야베스

부야베스는 지중해의 생선과 프로방스의 채소, 그리고 아프리카와 서아시아의 향신료를 넣고 끓인 지중해식 생선 스튜로 마르세유 지방의 전통요리다. 부야베스bouillabaisse는 프랑스의 옛말인 오크어òc, 옥시타니아어 부야바서bolhabaissa에서 유래했다. '팔팔 끓는다'는 의미의 '부이bouillir'와 '낮은 불로 자작하게 끓인다'는 의미인 '아베세abaisser'의 합성어인데, 프로방스의 속담 '수프가 끓으면 불을 줄여라Quand ça bouille tu baisses'에서 온 이름이다.

부야베스는 원래 가난한 어부들의 끼니였다

지금의 부야베스는 중국의 샥스핀, 태국의 똠얌꿍과 더불어 세계 3대 수프로 불리며 프랑스 현지인에게도 고가의 진미로 꼽힌다. 사실 마르세유와 툴롱toulon 등지의 가난한 어부들이 상품성 없는 물고기를 집에 가져와 가족과 함께 뭉근하게 끓여 먹었던

프랑스 지중해 연안의 항구 도시 마르세유Marseille. 이곳의 구항舊港, old port은 생선 스튜 부야베스bouilla-baisse로 유명하다.

샤프란과 프로방스의 향신료들. 마르세유는 지중해의 무역항이다. 서아시아와 아프리카의 문물들이 유럽으로 들어오는 통로다. 다양한 냄새들이 버무려져 마르세유 특유의 향기를 만든다.

것이 부야베스의 시작이었다. 현재는 쏨뱅이rascasse, 달고기saint-pierre, 붕장어congre, 도미daurade, 대구merlan, 아구lotte de mer, 성대grondin 등 지중해산 생선에 마늘, 토마토, 파프리카 등 프로방스의 채소로 육수를 내고, 샤프란saffron과 아니스anise와 같은 향신료들이 듬뿍 들어간다. 마르세유식의 부야베스가 생선을 주로 이용해서 맛을 낸다면, 파리의 부야베스는 랍스터와 같은 갑각류와 조개류를 이용해 육수를 얻는다.

부야베스는 스튜 국물을 먼저 먹고 건져낸 생선은 후에 먹는다. 이때 샤프란을 넣은 아이올리aïoli와 마늘이 들어간 마요네즈를 바삭하게 구운 빵조각 크루트croûte에 올려 부야베스 국물에 적셔 먹는데, 그 맛이 아주 일품이다. 샤프란이 들어가 짙은 오렌지색을 띠는 아이올리는 루유rouille라고 하며, 프랑스어로 '녹'이라는 뜻이다. 마치 철이 녹슨 것처럼 붉다고 하여 붙은 이름이다. 이제, 루유를 바른 후 다시 한 번 부야베스에 빵을 담근다.

부야베스, 여러 문화를 넣고 푹 고아낸다

마르세유는 부야베스 외에도 비누savon, 향신료, 직물 등으로 유명하다. 과거로부터 다른 대륙에서 유럽으로 문물이 들어오는 출입구의 역할을 해온 곳이기 때문이다. 이곳 인구의 대부분은

부야베스는 생선과 수프를 따로 먹는다. 수프는 프로방스 풍 아이롤리(마요네즈)인 루유rouille, 빵 조각을 바삭하게 구운 쿠르트coûrte와 함께 먹는다.

유럽 대륙의 입장에서는 이방인인 아랍과 아프리카 사람들이지만 다양한 문화가 프랑스의 문화적 관용tolerance 정신 아래 각자의 향을 잃지 않고 공존한다.

  1980년 마르세유의 셰프들을 중심으로 설립된 부야베스 위원회는 부야베스의 깊은 맛을 위해 네 가지 이상의 생선을 사용할 것을 권고하고 있다. 맛도 문화도 서로의 향기를 겨루면서 어우러질 때 깊은 풍미를 가진다는 것을 그들은 역사를 통해 체득했고, 그 전통을 잃지 않으려고 서로를 믿으며 노력하고 있

채소와 해산물이 어우러진 부야베스

다. 식탁을 압도하는 부야베스의 풍미는 이 모든 것이 잘 조율된 어우러짐이다.

오븐에
5분

〈오븐에 5분〉은 조리의 과학에 대한 이야기이다. 땅과 시간과 사람들이 어우러져 만들어가는 맛의 연금술은 세련되게 또는 투박하게 식탁 위에 오른다. 무의미했던 단어들이 문법에 맞게 모여 읽을 수 있는 문장을 만들듯 레시피는 식재료들을 줄 세우고 먹을 수 있는 요리로 변화시킨다.

오븐에 5분

"라면 먹을래요?"

영화 「봄날은 간다」에서 배우 이영애가 한 이 대사만큼 함의적인 문장이 또 있을까. 영화에서는 끓는 물이 담긴 냄비에 라면 두 봉을 넣는다. 그녀는 면 파스타를 두 번 잘라 네 조각으로 준비한다. 그중 한 조각은 입으로 가져가 바스락 소리를 내며 생으로 먹는다. 달걀과 파는 넣지 않는다. 그녀의 취향이다.

'라면 같이 먹기' 제안은 식사의 공유를 의미한다. 라면은 한 그릇 음식이다. 경제학적으로 한 집단이 한 그릇 음식을 통해 최대의 만족을 얻으려면 각자 취향에 맞춰 인원수대로 조리하는 것이 합당하다. 그러나 우리는 라면을 따로 끓여 먹는 것을 허락

하지 않는다. 그것은 라면이 가지는 사회적 가치의 본질에서 벗어난 행위이기 때문이다. 한솥밥으로 이어지는 '라면 먹기' 행위는 취향의 공유를 의미한다. 그러나 밥과는 달리 라면의 공유는 취향에 있어 각자에게 기회비용을 요구한다. 계란의 익히는 정도와 파와 양파, 해산물 같은 부수적 재료들에 대한 취향도 고려되어야 한다. 알덴테로 살짝 덜 익은 면의 탄성을 선호할 수도 있고, 충분히 호화된 면의 부드러움을 즐길 수도 있다. 물의 양과 라면 파스타를 부수어 넣을지 그렇지 않을지도 논쟁의 중심에 선다. 기호의 마지막은 면이 먼저인가 수프가 먼저인가의 문제로 귀결된다. 사회학이 일반화되려면 과학적 레퍼런스의 도움이 절실하다. 전분의 호화糊化는 밥, 빵, 면의 조리에 있어 가장 중요한 화학적 작용이다. 호화는 세 단계에 걸쳐 일어난다. 호화 메커니즘의 첫 단계에서는 서서히 온도가 올라가며 전분 입자들이 수분을 가역적으로 흡수하여 팽윤한다. 그다음으로 주위 온도가 호화 시작 온도까지 올라가면 전분의 수소결합이 깨지며 결정구조가 깨지고 급격히 가수분해된다. 호화점을 넘어가면 마지막 단계로서 천천히 콜로이드 용액으로 변해간다. 결국 호화 메커니즘 세 단계의 비율에 따라 차진 밥이 되기도 하고 밥알이 불어 찐밥이 되기도 한다. 전분의 호화에 있어 온도 변인과 시간 변인은 음식의 맛과 상관관계를 갖는다. 높은 온도에서는 짧은 시간 내에 호화가 일어나며 낮은 온도에서는 긴 시간이 걸린다. 물의 끓는점은 1기압에서 섭씨100도로 정해져 있다. 주방에서 이 온도를 올릴 방법은 두 가지가 있는데, 하나는 압력을 1기압 이상으로 올리는 것이고 다음 하나는 용매의 끓는점 오름 현상을 이용하는 것이다. 끓는점 오름 현상이란 비휘발성 용질이 용매의 끓는점을 올리는 작용이다. 사실, 라면 수프 용액에서 끓는점 오름을 올리는 것은 염분의 양이지만 그에 따라 변하는 끓는점의 차이는 거의 미미하다. 그러나 이 작은 차이는 분명하게 맛의 변화를 이끌어낸다. 면을 먼저 넣고 끓인 라면과 수프를 먼저 넣고 끓인 라면을 구별하는 사람에게는 취향과 다르게 조리된 라면을 먹는 것이 의외의 곤욕이다.

학부 시절 모교의 이공대 후문에는 〈특라면〉이라는 허름한 라면 가게가 있었다. 기본으로 라면 한 개 반을 끓여주던 '특라면'은 학생들의 허기를 달래주었다. 〈특라면〉 할머니의 특별한 레시피는 채 썬 양배추를 한 움큼 넣는 것이다. 양배추 조직의 셀룰로오스와 여린 세포막을 깨고 국물로 배어 나온 다양한 무기질은 나트륨이 주는 불편함을 제거한다. 먹는 중간 한 번 허리를 펴 입김을 내뱉고 다시 라면 그릇을 향해 허리를 숙이면, 더 이상 굽혀지지 않을 정도의 뻐근한 포만감이 느껴졌다. 그럼에도 이 라면은 얼굴이 붓지 않았고 여린 위장에 부담을 주지도 않았다. '특라면' 집 할머니의 따뜻한 마음이 훌륭한 레시피로 정립된 것이다. 조리의 레시피는 구성원의 취향에 대한 민주적 합의를 기반으로 탄생한다. 그러기에 레시피는 몸과 마음과 정신 사이에서 사람들의 시간을 적은 역사서가 되기도 한다.

와인의 빈티지는 단순히 가격을 결정하는 요소가 아니다. 좋은 농부는 과거의 빈티지를 읽어 그해의 농법을 결정하고 그 기록을 다시 후대에 남긴다. 빈티지는 좋고 나쁨을 구별하기 위해서가 아니라 그 차이를 줄이기 위해서 존재하는 것이다. 이전의 기록들로부터 그해 작황에 대한 조언을 얻는 역사서이자 선배들의 귀납적 지혜에 대한 기록서다.

2019년 3월 말 세계적인 경매회사 '소더비sotheby's'의 와인 경매에서 총 판매 금액은 한화로 295억 3,600만 원이었다. 1990년 빈티지의 로마네 콩티DRC, domaine de la Romanée-conti는 34만 7,520만 달러, 한화로 4억 원에 팔렸다. 와인의 빈티지는 포도의 수확연도를 말하는데, 이는 와인의 품질과 개성을 결정하는 중요한 요소가 된다. 소비자들에게는 어느 빈티지의 와인이 더 맛있는지, 그리고 그 가격은 얼마인지가 관심사지만 와인을 만드는 사람들에게 빈티지는 와인의 품질을 표시하는 숫자 이상의 의미를 가진다. 현대 양조학의 아버지라 불리는 보르도의 에밀 페노Émile Peynaud 교수는 "나쁜 빈티지는 없다. 다만 어려운 빈티지만 있을 뿐이다."고 말했다. 포도밭을 경작하는 농부들은 그해의 기후를 빈티지 차트에 기대어 판단하고 재배방법을 조정한다. 와인 메이커는 기존의 양조방식에 그해의 작황을 대입해 병입 방법과 숙성 기간 등 제조 노하우를 변화시켜서 적용한다. 수백 년의 시간 동안 포도밭에 뿌려진 땀방울들은 빈티지라는 이름으로 기록되어 후대에 좋은 와인을 만들 수 있는 힌트를 준다. 빈티지의 기록은 시간의 엄정함과 사람들의 노고 사이에서 부드러운 가교 역할을 한다. 이렇듯 시간은 문화를 낳고 그 기록들은 레시피가 되어 놀라운 맛의 연금술을 후대에 전한다.

소금의
꽃

우리에게 가장 익숙한 저장식품은 김치, 젓갈, 그리고 가공육이다. 그중 소금으로 저장성과 맛을 확보하는 염장육을 제조하는 데는 두 가지 요소가 필요하다. 소금과 고기. 소금은 바다의 산물이고 육류는 땅의 산물이다. 고기를 염장하기 위해서는 둘 중 하나가 이동의 경로를 거쳐야 한다. 고기를 소금이 있는 곳으로 가져오거나 소금을 고기가 있는 곳으로 가져가야 한다. 이 두 가지의 선택지는 경제적인 요인과 기술적인 요인에 영향을 받는다. 일반적으로 소금을 이동시키는 것에 비해 고기를 이동시키는 쪽이 어려움이 더 많다. 그러나 역사적으로 염장육은 소금의 산지에서 발달한다. 현재의 상황에서 판단한다면 당연히 소금을 이동해 고기의 산지에서 염장육을 만드는 것이 기술적으로나 경제적으로 유리하다. 하지만 처음 염장육이 발달하게 된 중세에는 상황이 달랐다. 소금에 붙는 관세가 문제였다. 소금이 귀하던 시절, 지역의 경계를 넘을 때 소금에는 관세가 붙었다. 이 관세의 크기는 고기를 이동시키는 기술적인 비용과 경제적인 비용을 압도했다. 그러한 이유로 지금까지도 대서양의 근처에는 대규모 가공육 공장들이 자리잡고 있다.

대서양의 게랑드 염전. 게랑드 소금은 소금의 꽃 Fleur de sel이라 불린다. 염전 주변에는 유럽 최대 규모의 염장육 공장이 있다.

미스 포테이토 Mademoiselle Pomme de terre. 브르타뉴의 아이들은 우리가 젖을 떼고 처음 쌀죽을 먹는 것처럼 감자 Pomme de terre로 식사를 시작한다. 브르통 Breton, Bretonne(브르타뉴 사람)은 감자에 대한 애정이 각별하다.

목재 골조가 겉으로 드러나는 브르타뉴의 건축양식 콜랑바주 Maison à colombage. 이곳은 이국적 풍경만큼이나 낯선 맛의 향연이 펼쳐진다.

가마솥에서 오랜 시간 우려낸 사골곰국이 있다. 간을 하지 않은 곰국은 비릿하고 느끼한 맛이 먼저 느껴진다. 그러나 소금을 조금씩 넣으면 비릿하게 느껴지던 맛의 감각들은 점차 사라지고 고소한 맛이 등장한다. 소금은 비릿한 맛을 없애주는 것이 아니라 그 감각을 마비시킨다. 소금은 감각의 수용체로부터 중추 신경에 이르러 인식이 되기까지 일련의 과정에 다양한 트릭을 선사한다. 감각의 역치를 끌어올려 그 아래에 있는 자극들을 무마시키고 우리가 기대하는 새로운 자극을 이끌어낸다.

대서양을 마주한 프랑스의 서쪽 끝에 소금과 가공육으로 유명한 브르타뉴가 있다. 브르타뉴라는 지명도 도버해협 건너의 영국 브리튼에서 유래된 것처럼 역사적으로나 지리적으로 영국에 가깝다. 그렇기에 브르타뉴의 음식은 세계적으로 악명이 높은 영국의 음식만큼이나 이방인에게 빗장이 녹록치 않다.

브르타뉴의 맛, 갈레트와 크레이프

브르타뉴에서는 크레이프와 갈레트를 파는 크레프리가 골목마다 펼쳐진다. 일본을 통해 우리나라에 많이 알려진 크레이프는 밀가루나 메밀가루로 만든 반죽을 얇게 부쳐 재료를 얹어 먹는 음식이다. 설탕을 넣은 밀가루 반죽으로 만든 디저트용 크레이

크레프리 Crêperies 는 크레이프를 파는 식당이나 가판을 말한다.

갈레트. 크레이프는 소금으로 간을 한 갈레트와 설탕으로 반죽을 한 디저트 크레이프로 나뉜다.

프 수크레crêpe sucrées, 소금을 넣어 메밀가루 반죽으로 만든 식사용 크레이프 살레crêpe sales가 있다. 식사용 크레이프는 갈레트galettes라고도 부른다.

브르타뉴의 크레프리에서는 햄, 고기, 해산물, 감자 등을 조합해 만든 십여 가지의 갈레트와 쇼콜라, 그리고 크림, 과일을 넣어 만든 십여 가지의 크레이프를 동시에 즐길 수 있다. 이들 크레이프는 사과 와인 '시드르cidre'와 함께 먹는데, 시드르는 차갑게 해서 사기잔에 따라 마시는 게 제 맛이다.

소금의 꽃, 게랑드 염전

다양한 갈레트와 크레이프만큼이나 파테pâté, 리예트rillettes, 소시송saucisson과 같은 육가공품 샤르퀴트리charcuterie도 브르타뉴의 상징이다. 염장육 시장의 중심에는 최고의 소금을 만드는 염전 마을 게랑드가 있다.

소금과 후추는 가장 보편적인 식재료이지만 그렇게 되기에는 정반대의 이유가 있다. 소금은 우리 몸의 가장 중요한 무기성분으로, 항상성 유지의 기본이고 모든 생명현상의 근간이다. 반면 후추는 가장 이질적이기 때문에 오히려 보편적인 향신료가 되

게랑드 염전의 소금은 건조된 시간과 바람의 방향에 따라 결정의 색이 바뀐다. 이러한 다양한 색과 맛 때문에 게랑드의 소금은 '소금의 꽃'이라 불리며 세계 최고의 소금으로 인정받게 된다.

게랑드 염전   서해 곰소 염전
게랑드 염전은 자동차로 한참을 달려도 계속해서 소금밭으로 이어진다. 염전의 가운데에 들어서면 사방
으로 소금의 지평선이 펼쳐진다.

두 물랑2 Moulins. 소금과 후추라는 뜻이다. 프랑스 전역에서 '두 물랑'이라는 레스토랑을 만날 수 있다. 우리나라로 치면 '맛나식당' 정도의 작명이랄까. 소금과 후추는 세계 어느 지역에나 있는 가장 보편적인 식재료다. 1770년 포르드프랑스의 주지사였던 피에르 푸아브르Pierre Poivre는 부르봉섬에 프랑스 최초의 후추나무를 심었다. 그의 성이 후추Poivre를 뜻하는 것은 지독한 우연일 뿐이다.

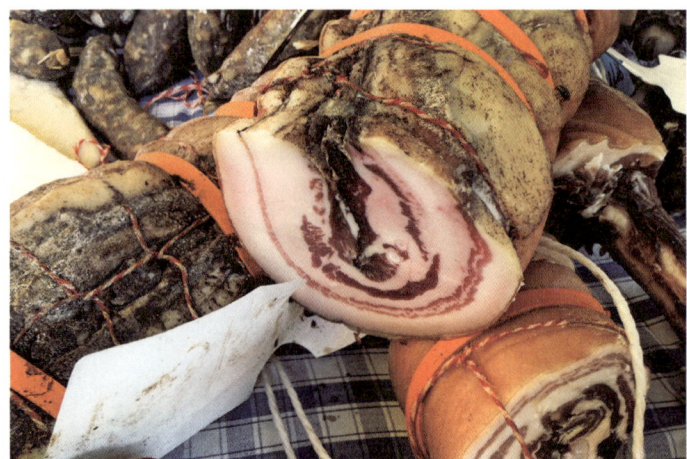

햄이나 소시지와 같은 돼지고기 염장 가공식품 샤르퀴트리는 소금이 나는 대서양 연안에서 발달한다. 과거 소금에는 지역 경계를 넘을 때 관세가 붙었기 때문에 고기를 소금이 있는 곳까지 이동시키는 쪽이 경제적이었다.

었다. 생선이나 육류, 가금류, 어떤 식재료와 만나도 맛이 섞이지 않는다. 그렇기에 후추는 역설적으로 모든 식재료에 향미를 더하기 위해 사용된다. 세계적인 명성의 게랑드 천일염은 '소금의 꽃Fleur de Sel de Guérande'이라 불린다. 정제되지 않은 염전의 축축한 소금은 핑크빛이 감돌다가 다 마르게 되면 잿빛으로 변하는데, 숙성시키는 동안 바람이 불어오는 방향에 따라 색이 조금씩 달라진다. 정제되지 않은 게랑드 소금은 셰프들에게 최고의 소금으로 취급받지만, 소금이 함유하고 있는 철, 마그네슘과 같은 다양한 무기질 때문에 그 맛을 다루는 것이 무척이나 까다롭다. 물론 게랑드 소금을 먹어보면 당연히 '소금맛'이다. 하지만 끈기를 가지고 혀끝에 올려진 소금 결정을 녹여가면서 음미하다 보면 소라와 해초, 가자미와 돌고래를 순차적으로 만날 수 있다.

소금과 계절

제철의 신선한 채소와 과일을 떠올리게 하는 샐러드salad, 그리고 소금과 허브, 향신료로 재료를 재우는 시즈닝seasoning. 그러나 두 단어의 어원은 우리의 예상과는 반대다. 샐러드salad의 어원은 '소금salt에 절인salted'이다. 프랑스어 소스sauce, 스페인어 살사salsa, 이탈리아어 살라미salami는 모두 소금에 뿌리를 둔 단어들이다. 반면, 시즈닝seasoning은 프랑스어 계절saison에서 비롯됐다. '양념하다'는 의미로 쓰이는 시즈닝은 원래 제철의 과일을 그대로 조리하지 않고 완숙시키는 조리법이었으나 냉장고의 출현으로 이 두 단어는 어원에서 멀어지게 된다. 요리의 역사가 시작된 초기의 '저장'은 현재의 맛을 담보로 미래의 생존을 대출하는 그 이상은 아니었다. 그러나 미식을 향한 여정은 여기에 '숙성'이라는 이자를 붙이기 시작한다. 브르타뉴의 소금으로 만든 염장육들은 아마도 맛의 이율이 가장 높은 저장식품이라 하겠다.

치즈가
익어가는 방법

익는다 그리고, 익히다

조리의 과정에서는 열을 이용한 변성과 함께 물리적, 화학적 방법들을 총동원해 맛을 느끼기 유리한 고지를 점한다. 이러한 이화異化, catabolism의 과정을 우리는 '익힌다'고 한다. 글리코겐과 같은 탄수화물은 올리고당과 같이 작은 분자로 만들어야 달콤한 맛으로 느껴진다. 열과 산은 단백질의 펩티드 결합을 변형해 감칠맛을 이끌어낸다. 지방산과 에스테르는 열에 의해 분리되어 고소하거나 달달한 지방 특유의 풍미를 가진다. 이러한 조리는 영양소를 맛으로 느끼도록 적당한 크기의 분자로 잘라내는 과정이다. '익히다'가 타동사인 반면, '익는다'는 자동사다. 이는 이화작용이 아니라 동화同化, anabolism 작용의 원리가 이용되는 생합성이다. 김치, 치즈, 술. 이들의 발효는 무언가 잘려나가고 작아지는 것이 아니라 고분자가 만들어지고 구조가 더 복잡해지는 과정이다. 발효의 과정에서는 숙성에 필요한 특정한 미생물이 살아갈 환경을 만들어주는 것만이 우리가 할 수 있는 전부다. 그다음은 시간이 맛을 만들어 간다. '익는다!'

그뤼에르Gruyères 치즈 농장. 발효 식품인 치즈는 숙성의 시간 동안 맛이 배어들어 간다. 익어가는 시간을 망치지 않으려면 출발점을 만드는 과정이 무척 예민해야 한다. 차가운 공기가 남아 있는 새벽에 착유하면 애초에 불필요한 미생물이 생겨나는 것을 막는다. 숙성의 과정 동안 좋은 치즈는 점점 더 좋아지고 나쁜 치즈는 점점 더 나빠진다.

숙성 중인 블루 도베르뉴Blue d'Avergne 치즈. 초기 환경에서 푸른곰팡이가 좋아하는 환경을 조성하면 다른 균주의 생장을 막을 수 있다. 한 번 우점종이 된 푸른곰팡이는 DNA의 지시에 따라 페니실린을 생산해 자신만의 영역을 만들고 다른 미생물의 생장을 막아선다. 연애의 밀당에 있어, 선물의 취향 저격이 다른 경쟁자를 배제하는 것과 같다.

오베르뉴의 블루치즈는 편의를 위해 인위적으로 환경을 조성하지 않는다. 푸른곰팡이의 생장에 유리한 온도를 맞추기 위해 냉장고를 쓰는 대신 적정 온도가 유지되는 새벽 시간에 착유를 하는 식이다.

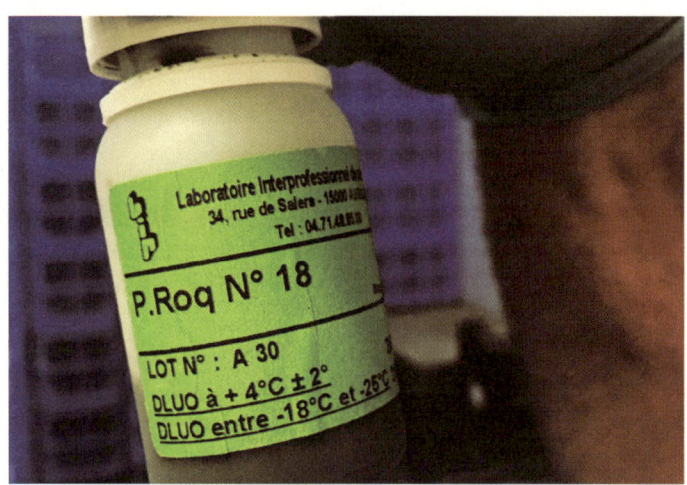

블루치즈를 만드는 푸른곰팡이 균주 페니실륨로케포르피 Penicillium roqueforfi. 자연 속에서 방목되는 젖소들의 건강한 우유를 통해 블루치즈로 다시 태어난다.

미생물 사이 밀당의 산물, 치즈

블루치즈는 푸른색을 띤다. 항생제 페니실린을 만드는 균주인 푸른곰팡이로 숙성시켜 만들기 때문이다. 우리는 우유로 치즈를 만드는 과정에서 대리석 무늬처럼 나타나는 푸른곰팡이의 흔적을 눈으로 확인할 수 있다. 미생물은 자신의 생장을 위해 다른 균주가 살 수 없도록 특정 물질을 만들어 방출한다. 이는 주변을 자신만이 살 수 있는 환경으로 스스로 만들어내는 것인데, 발효에 필요한 유리한 조건을 만들어주기만 하면 그때부터는 균주 스스로 전투를 통해 유해한 균주들을 물리치며 발효의 과정을 이끌어 간다.

푸른곰팡이, 유산균 등 균주를 이용해서 발효할 때 중요한 것은 누룩 등을 통해 접종된 균주가 우점종優占種으로 생장할 수 있는 초기 환경을 만들어주는 일이다. 산도pH, 온도, 습도 그리고 공기와의 접촉도 등을 맞추어 주지 못하면 원하지 않은 균주가 원하지 않는 결과물을 내놓는다. 산패. 그것은 미생물과의 밀당에서 패배한 결과다.

잘 숙성된 블루 도베르뉴는 고통스러울 정도로 맛있다

오베르뉴는 파리 남서부, 프랑스의 한가운데 있는 지역이

블루 도베르뉴 치즈. 블루 도베르뉴는 밤나무 통 안에서 숙성시킨다. 고소한 체스트넛 향이 은근하게 배어들어 치즈의 풍미를 배가시킨다.

다. 화산산지와 너른 숲이 이국적인 풍광을 연출한다. 오베르뉴는 기상의 변화가 무쌍하다. 그 과정에서 땅과 산의 모습은 세밀하게 다듬어져 아름다워지고, 사람들의 경외는 겸허로 그리고 시간에 대한 믿음과 여유로 바뀌어간다. 오베르뉴는 두꺼운 화산석으로 지붕을 올리고 벽을 삼은 검은 집들과 여러 날실로 수를 놓듯 섬세하게 짠 아름다운 레이스 당텔, 르푸이 지역의 명품 칼, 화산 위에서 펼쳐지는 레저스포츠로 유명하다. 그리고 이곳에는 치즈의 왕이라 불리는 블루치즈가 있다. 샤를 드골Charles De Gaulle 프랑스

전 대통령은 오베르뉴의 블루치즈 블루 도베르뉴를 일컬어 '치즈의 롤스로이스'라고 극찬했다.

잘 만들어진 블루 도베르뉴는 크리미한 부드러움 속에 강렬함이 담겨 있고 은근하게 짭조름한 맛이 짜릿하게 느껴진다. 최고의 블루치즈는 오베르뉴의 숲에서 얻은 밤나무로 통을 만들고 그 안에서 숙성시켜 밤나무 향을 입힌다.

기다림의 시간이 만들어 주는 맛

블루치즈는 우리에게는 조금 어려울 수 있다. 김치를 처음 접하는 외국인이 어찌 묵은지부터 섭렵할 수 있겠는가. 치즈의 입문은 향이 강하지 않은 경성 치즈 에멘탈emmental이나 그뤼에르gruyère가 맞춤하다. 블루의 매력은 시간을 느끼는 데 있다. 질항아리에서 김치가 익어가는 소리가 들리면 맛있는 상상으로 침이 고이는 것처럼 블루치즈의 매력도 경험이 주는 기다림의 맛에 있는지도 모른다. 익히는 것이 아니라 익어가는 것들. 이들에게서는 맛있는 소리가 난다. 술독에서 누룩이 '타닥타닥' 피는 소리, 장독에서 장이 '톡톡' 익어가는 소리, 치즈의 사이사이에 공간이 생기며 나는 소리. 비밀 이야기 같은 낮은 속삭임 속에서 맛이 익는다.

치즈는 사람의 노력과 자연의 시간이 만들어내는 창조물이다. 원칙과 신념을 지켜서 만들고, 겸허하게 오랜 시간을 기다려 그 결과를 확인한다. 프랑스 치즈 마을의 사람들은 이 전통에 대한 믿음을 통해 역사를 이어가고 있다. 치즈의 향과 맛 속에 이어져오고 있는 이야기들은 고소하고 향긋한 식탁 위 삶의 일기이고 역사의 기록이다.

릴의 공, 미몰레트 치즈

미몰레트라는 이름은 중간 정도의 딱딱함을 의미하는 단어에서 왔다. 부드러운 연성 치즈와 단단한 경성 치즈의 중간 정도의 질감, 그리고 영롱한 오렌지색은 미몰레트의 가장 큰 특징이다. 미몰레트는 '올드 홀란드'라고도 불리기 때문에 네덜란드 치즈로 알고 있는 경우가 많다. 하지만 이 치즈는 프랑스 북서부 플랑드르 릴 지역 Flandre française région de Lill 의 치즈다. 루이 14세 시절, 네덜란드와 프랑스 전쟁 당시 이 지역 사람들이 즐겨먹던 네덜란드의 에담 치즈가 수출입이 금지되면서 릴 지역을 중심으로 네덜란드 치즈의 제조방법을 좇아 만들기 시작했다. 알프스의 샤모니 비스킷에 주로 사용되는 오렌지색을 내는 천연염료 아나토 annatto를 사용해서 미몰레트만의 특별한 색을 낸다. 네덜란드와 전쟁이 있던 시기, 프랑스인들이 네덜란드 치즈를 그리워해 오렌지색 치즈를 만든 것은 역사의 아이러니 혹은 톨레랑스의 위트일지 모르겠다.

풍미가 짙은 이 오렌지색의 치즈는 많은 이들에게 사랑받는 만큼 여러 가지 별칭으로 불린다. 모양이 아담한 크기의 공 모양이어서 만든 지역인 릴의 이름을 따 '릴의 공boule de lille'이라고도 하는데, 이 치즈가 공 모양인 것은 단단한 껍질 속에 부드럽고 고운 속살을 품게 하기 위해서 표면적을 넓힌 결과다. 조밀하고 부드러운 속살을 얻기 위해 천연의 붉은 벽돌로 지은 저장고의 전나무 선반에서 6주에서 2년 정도 숙성시킨다. 정련기간 동안 표면을 계속 씻고 솔질을 하면 특별한 미생물이 표면에 작은 구멍을 만들어 안쪽의 공기를 빼내도록 도울 수 있다. 그리고 마지막에 회양목 나무망치로 두드려 소리를 듣고 속살의 질감을 예단해낸다. 미몰레트는 전통적인 숙성과정을 거치는 동안 9개월이 지나면서부터 매운맛이 스미기 시작한다.

백작이라는 이름의 콩테 치즈

발효의 아버지 파스퇴르의 고향이기도 한 쥐라. 프랑스 북동부 콩테Franche-Comté, 쥐라Jura 지역의 겨울은 치즈가 필요한 이유와 숙성 환경을 동시에 제공한다. 이 지역의 콩테 치즈는 긴 겨울을 나기 위해 가열 압착을 해서 크고 단단하게 만들어진다. 콩테 치즈는 치즈가 주는 여섯 가지 맛과 네 가지 향이 얼마나 분리되어 느껴지느냐에 따라 등급이 나뉜다. 20점 만점을 기준으로 15점

이상이면 포장에 녹색 줄무늬comté bande verte를 붙이고, 12점 이상이면 갈색 줄무늬comté bande brune를 받는다.

콩테 치즈는 다양한 향과 맛 때문에 쥐라의 꽃다발이라고도 불린다. 여름에 착유한 콩테가 신선한 풀의 풍요롭고 감각적인 향이 특징이라면, 겨울에 착유한 콩테는 건초에서 오는 복합적이고 섬세한 향이 일품이다. 겨울 콩테는 예약을 해야 구입할 수 있을 정도로 현지에서도 인기가 높다. 콩테는 프랑스의 지명이기도 하지만 백작이라는 뜻도 가진다. 시쳇말로 고지식한 사람을 일컫는 '꼰대'는 백작을 의미하는 콩테의 일본식 표기에서 나온 단어다. 콩테는 단단한 구조 속에 다양한 향들이 기품 있게 담겨 있어서 '치즈의 백작'이라 부를 만하다. 이 지역의 치즈 농장 사람들은 모든 콩테는 제각기 맛이 다르고 그것은 자연이 결정한다고 말한다.

노르망디의 육군 대령, 리바로 치즈

부르고뉴의 에푸아스époisses, 샹파뉴의 랑그르langres, 노르망디의 리바로livarot. 이 세 가지 치즈를 표현할 때 프랑스 미식가들이 공통적으로 사용하는 술어가 있다. "잔인하게 맛있다." 김치로 비유한다면 이들은 곰삭은 묵은지 같은 치즈다. 치즈의 깊은 숙성의 맛이 누군가에겐 잔인하게 맛있을 수도, 또 다른 이에겐 그냥 잔인할 수도 있다. 껍질을 닦은 연성 치즈는 숙성과정에서 지속적으로 겉 표면을 씻어내고 솔질을 해서 특유의 강렬한 향과 맛을 만든다. 세 가지 치즈 중 에푸아즈는 부르고뉴의 피노누아 레드 와인으로 만든 '마크 드 부르고뉴'로, 랑그르는 샹파뉴의 스파클링 와인 샴페인으로, 그리고 리바로는 노르망디 대서양의 소금물로 표면을 씻어낸다.

특히, 거친 주황색 표면 속에 비단결 같은 아이보리를 품고 있는 리바로 치즈는 부드러운 살결 안에 강렬한 향으로 다시 한 번 반전을 노린다. 그렇기에 유리질, 점토질 토양과 대서양의 해양성 기후 때문에 목축이 발달한 노르망디의 풍요로운 치즈 리바로는 '가난한 자의 고기'라고도 불린다. 리바로 겉 부분은 버드나무나 갈대로 감싸는데, 3~5줄의 끈이 프랑스 육군 대령의 복장과 비슷하다 하여 현지에서는 '육군 대령colonel'이라는 애칭으로 불린다.

치즈의 왕, 브리 드 모

19세기 나폴레옹 전쟁 이후 유럽 각국의 대표들이 모인 빈 회의the Congress of Vienna, 1814-1815에서 프랑스의 탈레랑은 친선을 목적으로 치즈 경선을 제안했고, 각자 자국 최고의 치즈들을 가지고 연회에 참석하기로 합의했다. 영국은 스틸턴stilton, 이탈리아는 고르곤졸라gorgonzola, 네덜란드는 에담edam 치즈 등을 소개했다. 탈레

치즈 마을들은 저마다의 자존심으로 치즈를 만들고 있다. 프랑스에만 마을의 이름을 딴 치즈들이 수천 종에 이른다. 그들은 그들 조상의 유산에 올해의 이야기를 기록해 후대에 넘겨주는 연결고리를 자처한다.

랑이 브리 드 모brie de meaux를 나이프로 가르자 드러난 진하고 부드러운 속살에 빈 회의는 아무런 반론도 없이 브리를 '치즈의 왕Le Roi de Fromages'으로 선언했다. 이는 브리 치즈가 세계적으로 명성을 떨치게 된 계기가 된다. 프랑스 혁명 당시 성난 군중을 피해 피난을 가던 중 루이 16세의 마지막 바람은 브리 치즈와 레드 와인을 맛보는 것이었다. 결국 브리가 생산되는 모Meaux 인근 지역에서 지체하다 잡힌 일화가 유명하다.

    브리는 멸균하지 않은 생유로 만드는데, 생산과정 동안 온도를 섭씨 37도 이하로 유지하는 것이 중요하다. 또 송아지의 네 번째 위에서 발견된 레닛rennet이라는 응유효소를 사용해야 한다. '펠르 아 브리'라는 전용 국자로 섞어 전용 브리 틀에 넣고 전용 볏짚 매트에 받쳐 전용 균주를 주입해 숙성시킨다. 치즈의 꽃이라 불리는 흰 솜털의 외피와 부드럽고 말랑말랑한 질감의 속살 사이에서는 다양하고 풍부한 향이 흘러나온다. 문헌상으로 브리 치즈가 처음 등장한 게 700년대 중반이니 천 년이 넘도록 치즈의 왕조를 이루고 있는 셈이다. 노르망디의 카망베르 치즈는 브리와 같은 치즈다. 차이점이라면 브리는 10~15인치의 크기로 만들고, 카망베르는 4.5인치의 크기로 만드는 것이다. 4.5인치의 브리는 '프티 브리'라고 부른다. 카망베르는 프랑스 혁명 당시 노르망디로 피난 온 사제들이 작은 크기의 브리 치즈를 만들면서 그 역사가 시작됐다.

겸허한 마음으로 하늘을 기록하는 유럽의 치즈 농장들

와인이나 치즈가 만들어진 특정한 연도를 '빈티지'라 부른다. 우리에게는 그해 농축산 가공품의 가격을 정하는 기준으로 여겨지는 빈티지가 그들에게는 조금 다른 의미를 가진다. 작황을 통해 자연과 사람의 관계를 기록한 빈티지는 조상으로부터 물려받은 유산이며 매년 기록하여 후대에 넘겨주는 숙제다. 빈티지는 그해의 바람과 땅과 햇빛에 대해 적은 일기장이다. 재배자인 동시에 관측자인 치즈 농장 사람들은 그해의 빈티지를 적어 후대에 전달하고 선대의 빈티지를 통해 숙성의 정도를 결정한다. 그리고 그 결과를 기록해 다음 대의 사람들이 치즈 농사를 지을 수 있게 돕는다. 전통에 대한 믿음과 시간에 대한 겸허함에 의존해 숙성되고 있는 치즈들은 그 시간이 가지는 이야기를 특유의 맛과 향으로 고스란히 드러낸다. 치즈의 속살이 들려주는 이야기에는 톡 쏘는 아이러니와 짭조름한 땀방울이 담겨 있다. 그리고 그 끝은 언제나 향긋하고 고소하다.

시간의
이름

프렌치 레스토랑의 메뉴판을 펼치면 수많은 암호들이 자기들만의 향연을 펼친다. 게다가 테이블 위에 놓고 간 두툼한 와인 리스트까지. 마치 보기만 해도 어지러운 수학문제를 풀고 있는 듯 혼란스럽다. 프랑스는 많은 나라들과 국경을 마주한다. 또한 중세부터 문명이 교차하는 유럽의 한가운데에서 격랑과 풍파를 맞아왔다. 게다가 지역별 특이한 조리법에 대한 관용성tolerance과 느긋하게 곱씹는 성품마저 반영된 다양한 조리법은 프렌치 요리만의 복잡한 DNA를 이루어냈다.

부르고뉴, 땅과 시간이 만드는 요리들

다시 메뉴판의 암호들로 시선을 옮겨보자.
남프랑스를 대표하는 '프로방스 스타일provençal, -à la provence'은 우리 남도의 짙은 손맛과 풍요로운 땅이 만드는 하모니를 닮았다. 지중해를 통해 들어온 아프리카와 아랍의 향신료는 강하게 후각을 자극한다. 여기에 지중해의 바람 미스트랄mistral과 프로방스의 토양을 일컫는 가리그garrigue, 그리고 인근 이탈리아와 스페인의 식문화가 합쳐져 이국적이고 향긋한 교향곡을 이룬다.

　　북서부의 '노르망디나 브리타뉴풍-normandía, -de bretagne'은 우리나라의 영동지방 강릉이나 이북식 음식의 느낌이 난다. 대서양과 함께 알퐁스 도데를 키운 자연과 조화를 이룬 낙농 방법은 재료에 집중하며 직관적인 아리아를 선보인다. 더욱이 브리타뉴는 브리테인, 노르망디는 노르딕에서 온 지명이니 영국과 바이킹의 문화까지 느껴진다.

　　'부르고뉴풍-bourguignon, -bourguignonne'이라고 적혀 있는 메뉴는 전주식 혹은 안동식 음식을 생각하면 음식의 리듬을 이해할 수 있다. 이 지역은 오랜 시간 동안 가장 프랑스적인 역사를 유지했다. 시간이 주는 미식의 기쁨에 대한 깊은 이해와 섬세한 조리법이 특징이다. 지금도 부르고뉴 셰프들은 프랑스 요리를 지휘하며 그 리듬을 지켜가고 있다.

　　와인의 맛도 지역 음식처럼 그곳 사람들의 태생에서 영향을 받는다. 보르도산產 와인이 대상大商의 기백을 가졌다면 부르고뉴산 와인은 귀족의 기품을 담아낸다. 보르도는 프랑스 산업혁명의 중심 공업도시이면서 대서양으로 향하는 무역항이 있는 곳으로, 카베르네 소비뇽, 메를로 등 파워풀한 품종들을 적극적으로 블렌딩하며 세차고 치열하게 샤토Château의 왕좌를 유지해왔다. 그러나 부르고뉴는 귀족과 농가를 중심으로 바람 한 점 없는 평온한

부르고뉴 끌로 드 부조 마을의 와이너리. 시골 마을의 느긋한 시간은 조리의 방법에도 그대로 묻든다. 조용한 것이 지루한 것은 아니다.

부르고뉴, 밤의 언덕Côte de Nuits. 코트 드 뉘의 포도는 햇볕이 아니라 별빛에 익어간다.

달팽이 요리 에스카르고escargot. 파리지엔Parisien에게도 달팽이 집게의 사용은 쉽지 않다.

땅에 클로clos라는 돌담을 쌓고 게으르고 게으르게 시간을 즐겼다. 끝도 없이 부드럽고 미세한 조향이 와인을 마시는 내내 영원할 것처럼 만개해 간다.

몽라셰의 에스카르고, 에세조의 카나드

부르고뉴 음식에 와인의 조화는 식탁에 즐거움을 더한다. 달팽이 에스카르고는 몽라셰 마을의 화이트 와인과 잘 어울린다. 버건디 레드 와인burgundy에는 오리고기 카나드canard와 양갈비 코틀레트 다뇨côtelette d'agneau가 빠질 수 없다. 오리고기와 어린 양에는 부르고뉴 특산품인 카시스 소스가 올라가는데, 뽕나무 열매 오디와 비슷한 작은 베리류 열매인 카시스cassis는 까막까치밥나무 열매로 베리류 중 향이 좋기로 유명하다. 유명 향수 브랜드 샤넬은 자사의 향수에 들어가는 베리 향을 부르고뉴의 카시스에서 추출한다. 그들은 자신들 향수의 베리 향이 바뀌지 않도록 하기 위해 이곳에 직접 카시스 밭을 소유하고 재배까지 한다.

시간으로 만드는 음식, 뵈프 부르기뇽과 투르트 부르고뉴

와인과 마리아주, 그리고 섬세함과 고급스러움에 집중하

부르고뉴 와인을 만드는 샤르도네 청포도와 피노누아 적포도 품종. 태생적으로 보르도 와인이 대장의 기백을 지녔다면 부르고뉴 와인은 귀족의 기품을 가지고 있다.

는 레스토랑의 문밖에는 투박하지만 정성이 깊게 녹아 있는 부르고뉴의 가정식 메뉴들이 있다. 뵈프 부르기뇽bœuf brouguignon은 와인 소고기찜 요리에 해당하는데, 허브에 재운 소고기에 와인을 부어 채소와 함께 오랜 시간 찐다. 투르트 부르고뉴tourte bourguignonne는 둥근 모양의 고기 파이다. 적은 분량을 만들기 어려워서 레스토랑에서는 찾아보기 힘들지만 포도를 수확하거나 마을 잔치를 할 때 빠지지 않고 등장하는 음식이다. '투르트'는 둥글다는 뜻이다. 우리가 마블링을 고기의 등급 기준으로 삼는 것과는 반대로

뵈프 부르기뇽과 부르고뉴산 소고기. 노르망디가 강릉처럼 산지의 신선함을 강조한다면 '부르고뉴풍'은 전주식의 손맛과 시간을 녹인 음식이다.

프랑스의 소고기는 단백질 중심의 붉은색 살코기가 좋은 고기의 기준이다. 이러한 취향은 버터나 크림의 리포 프로틴으로 지방을 섭취하는 식습관과 소의 낙농 방법으로부터 온 것이다. 방목을 하는 프랑스의 경우는 움직임이 적은 샤토브리앙 châteaubriand 같은 부드러운 안심을 선호하고, 움직임이 없이 키우는 한우의 경우는 꽃등심 같은 움직임이 많은 부위의 고기가 맛이 좋다. 생선의 조리에 있어서도 비슷한 경향이 있다. 프랑스인이 가장 많이 먹는 생선요리는 단연 프리츠프렌치프라이 감자튀김을 곁들인 대구 cods et

오븐에 5분   **135**

frits다. 기름기가 많은 고등어에 감자를 함께 쪄 먹는 우리 고등어 찜 한 접시와 기름기 없는 생선에 튀긴 감자를 곁들인 대구요리는 엎어뜨리고 메쳐져도 결국 담긴 음식의 영양성분 총합은 매한가지가 된다.

투르트 부르고뉴를 준비하는 오 코트 드 뉘 마을의 마담 니콜. 주방에서 음식을 준비하는 시간은 언제나 설렘과 기다림을 함께한다.

부르고뉴는 와인의 향기와 더불어 시간을 즐기는 농부들이 만드는 낙관적인 음식이 유혹하는 곳이다. 여느 시골 마을이 그러하듯 부르고뉴의 밤은 일찍 찾아온다. 미리내가 깔리고 밤하늘에 계절의 별자리가 가득 찬다. 아무런 불빛도 없는 포도밭에 별빛이 쏟아지면 이곳의 지명이 왜 '밤의 언덕'인지 알 수 있다. 부르고뉴의 포도는 햇볕이 아니라 별빛에 익어가고, 잔잔한 시간들은 식탁의 깊이를 더한다.

프로방스 시장의 채소 스튜, 라타투이

식사란 온몸으로 직접 맞이하는 익숙한 위로다. 갓난아기 때부터 엄마의 모유는 우리를 달랬다. 어린 시절 어스름 땅거미가 앉을 때까지 동무들과 흙 놀이를 하고 집에 들어가면 지저분해진 옷가지를 시작으로, 먼 시간적 거리에 있는 잘못들까지 들추어져 엄마와 한판 푸닥거리를 치렀다. 그렇게 어린 다섯 살의 치열하고 고된 하루살이가 끝나면 언제나처럼 저녁상을 마주하곤 했다. 고량진미는 아니지만 중불에 푹 삭은 김치찌개가 기억난다. 잘잘하게 썰어진 새콤한 김칫소를 따순 밥에 올려 먹었던 저녁. 그것은 천방지축 어린 시절의 가장 평온한 기억이다. '라타투이'는 우리에게 매우 이국적인 이름의 음식이지만 김치찌개처럼 그 지역의 사람들에겐 향수를 자아내는 수더분한 음식이다.

프로방스 할미의 라타투이

'라타투이'는 프랑스 남부 지중해 연안 프로방스에 위치한 도시 '니스'의 소박한 채소 스튜다. 동명의 애니메이션 영화에서 화려한 요리들을 제치고 노스탤지어를 자극하여 미식가의 입맛을 사로잡는 모습으로 묘사되면서 당당히 유럽 '엄마 요리'의 대명사가 된다. 마치 우리 음식의 콩나물국이나 장떡 같이 수더분한 고향의 맛이라고 할 수 있다. 프로방스 지역의 대표적인 3색 채소 가지, 호박, 토마토를 비롯해 양파, 피망, 오이 등 각종 채소들에 허브를 넣고 올리브유로 볶는다. 뜨겁게 또는 차갑게 해서 바게트와 함께 애피타이저로 즐기거나, 돼지고기 또는 해산물 요리에 가니시garnish로 이용한다. 특히 '라타투이'의 조리법은 요리사의 취

프랑스 시장에서 만날 수 있는 편안한 음식 라타투이. 우리에게는 이국적인 이름의 음식이지만 그들에게는 향수를 부르는 생활 속 안식이다.

향과 지역색이 큰 영향을 미친다. 지중해 인근에서는 토마토의 껍질을 벗기고 으깬 다음 해산물과 함께 스튜 형식으로 내고, 북부 지역에서는 버터로 구운 고기와 함께 먹는다. 라타투이의 다양한 조리법은 이 요리가 생명력을 가지고 유럽 전역으로 퍼지는 원동력이 된다.

고기를 구우면 갈색이 되고, 소금을 치면 짭조름해지며, 쌀이 익으면 밥이 되고, 계란을 부치면 응고된다. 조리의 과정들은 언제나 변함이 없고 지순하며 예측이 가능하다. 그리고 그것이 따뜻한 마음과 함께 만들어졌다면 우리는 그 맛에서 어머니의 품과 고향의 향수를 느끼게 된다. 대단한 셰프들의 엄청난 요리들이 감각을 자극하고 포만을 강요하지만, 끼니가 가지는 세속적이지만 숭고한 본연의 가치는 우적, 한 입 밀어 넣었을 때의 안정감이다.

달콤한
슬리퍼

프로방스의 여름은 모두를 로맨티시스트로 만든다

　　프랑스의 지중해 연안 프로방스는 이국적인 색의 도시들 만큼이나 그 맛과 향으로 기억되는 고장이다. 그곳의 여름은 시트러스 향 가득한 레몬, 라임, 납작 복숭아 등 열대 과일들과 아몬드, 허브, 올리브의 풍미가 어우러져 파스텔 톤으로 미감을 자극한다. 프랑스의 D559 국도는 지중해를 끼고 달리고, 길 사이사이에 있는 낭만적인 도시들은 저마다의 맛으로 이방인의 기억을 유혹한다.

　　아름다운 해변만큼이나 유명한 니스의 샐러드 니수아즈salade niçoise, 영화의 도시 칸, 프로방스의 파스텔 톤 색채를 마음껏 발산하는 엑상-프로방스Aix en provence, 생선 스튜 부야베스bouillabaisse로 유명한 마르세유, 프로방스 시장이 위치한 앙티브의 채소 스튜 라타투이ratatouille, 쥐스킨트 소설 『향수』의 배경이자 향수의 고장 그라스, 고흐와 지중해풍 밥 요리 파에야paella의 도시 아를과 아비뇽, 지중해 최고의 미항 몽펠리에. 이 도시들은 각자의 색과 향으

니스항에서 코르시카섬으로 떠나는 페리. 지중해와 프로방스의 기억은 다양한 감각으로 각인된다.

로 나름의 낭만을 전한다. 엑상의 라벤더 향, 보마니에르의 올리브 향, 생 빅투아르산 능선의 그라나슈 포도가 익어가는 향은 왜 세잔, 고흐, 피카소가 이곳에서 마지막 시간을 보낼 수밖에 없었는지 알려준다.

그녀의 미소, 달콤한 입꼬리를 닮은 칼리송

프로방스를 대표하는 과자는 멜론을 말려 만든 '칼리송calisson d'aix'이다. 12세기부터 사랑 받은 긴 역사를 가진 만큼 칼리송의 유래에 관해서는 여러 설이 전해지는데, 프로방스 지역의 언어인 오크 어의 성배calice에서 온 단어라는 것이 정설이다. 칼리송의 모양은 사람의 입술 생김새와 비슷하다. 한 번도 웃지 않던 프랑스 '잔느 드 라발Jeanne de Laval' 여왕은 칼리송을 먹자마자 기적적으로 미소를 지었다. 이를 본 왕이 기뻐하며 여왕의 미소를 본뜬 칼리송을 만들라고 명했다는 이야기도 전해진다. 칼리송은 멜론 콩피confiserie, 졸인 과일과 아몬드, 오렌지 껍질 등을 넣어 누룩 없이 만든 과자다. 바삭한 겉 부분과 부드러운 속 부분의 식감 차이가 커야 잘 만들어진 칼리송이다. 특히 칼리송은 다른 과자에 비해 고가의 재료가 많이 들어가 가격이 높은 편이다.

칼리송과 함께 프로방스를 대표하는 과자는 누가nougat다.

칼리송은 수많은 어원을 가지고 있다. 라틴어로는 '달콤한 슬리퍼'다.

누가의 종류는 달걀흰자를 거품 내 시럽과 섞는 누가 블랑nougat blanc과 흰자가 들어가지 않아 갈색 빛이 도는 누가 누아르nougat noir 가 있다. 프로방스 여러 마을에서는 다양한 견과류나 콩피 다디를 넣은 각양각색의 화이트 누가를 만날 수 있는데, 여름철에는 부드러운 아이스 누가를 먹기도 한다. 누가의 맛과 질감은 좋은 꿀에 의해 결정된다. 끝없이 펼쳐진 보랏빛 라벤더 밭에서 윙윙거리며 분주히 꿀을 따는 꿀벌은 풍미 깊은 누가 맛의 첨병이다. 프로방스의 달콤한 맛은 지중해로 부는 바람인 미스트랄mistral과 이 지역

땅 특유의 풍미인 가리그garrigue, 그리고 지중해의 태양이 만들어 내는 복잡한 하모니다. 캘리포니아의 강렬한 당도도 동양의 감칠맛이 도는 간지러움도 아니지만 달달함 속에 산뜻함이 공존하는 재미있는 모순을 가지고 있어 은근한 달콤함은 기억을 얹기에 적당하다. 그것이 행복한 기억이라면 더할 나위 없거니와 씁쓸한 애상일지라도 달콤함 위에 얹는 것이 마땅치 않겠는가?

맛, 아련한 기억의 도서관

음식에 대한 기억은 언어적인 기표, 혹은 시각적인 이미지로 저장된다. 이에 비해 맛과 향은 아주 여리고 더없이 순간적이며 객관적으로 정량화할 수도, 전달을 위해 잡아둘 수도 없다. 그러나 이들 감각은 끈질기고 충실하게 기억 속에 자리 잡는다. 버스 정류장 앞 가판의 번데기 끓이는 냄새는 어린이날 동물원에서 아버지의 목마를 타고 지금의 키보다 더 높은 곳에서 바라본 잔점박이물범의 모습을 생각나게 한다. 푹 고아진 닭죽의 고소한 맛은 이제는 기억으로만 남아 있는 외할머니의 포근한 품, 그 온기를 떠오르게 한다. 그렇게 약하기만 한 맛과 향에 대한 감각은 기억이라는 거대한 구조를 겁없이 지탱한다.

최대한의
식사

〈최대한의 식사, 먹기 위해 사는 법〉은 프랑스 코스의 일련을 통해 식사의 과정과 그 사이마다 놓이는 즐거움을 탐험한다. 메뉴를 고르면서 시작되는 식탁 위의 대화는 디저트를 먹을 때쯤이면 언제나 새로운 플롯으로 재구성된다.

최대한의 식사

'멜랑콜리mélancolie'. 소설가이자 평론가 수전 손택은 『타인의 고통』에서 '우울은 멜랑콜리에서 매력을 뺀 것'이라 정의했다. 그렇다면 멜랑콜리가 '우울'은 아니다. 『레 미제라블』로 유명한 대문호 빅토르 위고는 '멜랑콜리는 슬퍼하는 기쁨이다.'라고 말했다. 그렇다면 멜랑콜리가 '슬픔'도 아니다. '우수'라는 단어도 멜랑콜리를 그대로 나타내기는 힘들다.

때로는 이렇게 번역이 불가능한 단어들이 있다. 프렌치 코스에 등장하는 단어들도 그 번역에 어려움이 있다. 우리에게 없는 개념들이기에 한 단어로 치환되지가 않는다. 그 의미를 정확히 전달하기 위해서는 많은 한정어와 서술어들이 필요하다. 식사의 시작과 함께 나오는 아뮤즈 부시를 직역하면 '한입 거리'다. 그러나

이른 새벽 출근한 주방에는 전날 테이블에 올려졌던 이야기들이 고스란히 남아 있다. 화구에 불을 켜고 재료들을 손질하면 그날 테이블 위에 오를 새로운 단어들이 다듬어진다. 영업이 시작되고, 마지막 테이블에 디저트가 나가면 각기 다른 손님들의 이야기로 식사의 플롯은 재구성된다.

아뮤즈 부시가 단순히 적은 양을 의미하는 것은 아니다. 아뮤즈 부시는 사실 프랑스 요리가 현대적인 형태로 변화하기 위한 노력과 도전정신의 산물이다. 오르되브르 혹은 애피타이저가 '전채요리'라고 해석되는 것은 유럽의 코스 형식을 자신들의 생활 패턴에 맞춰 도입한 미국 동부의 식사방법에 따른 것이다. 또한 디저트를 후식이라고 하기에도 너무나 복잡한 이야기들이 얽혀 있다. 그들의 식사에 있어 디저트는 결코 '후식' 정도의 의미가 아니다.

아뮤즈 부시amuse-bouche로 시작하여 아페리티프apéritif, 오르되브르hors-d'œuvre, 앙트레entrée, 플라plat, 프로마주fromage, 데세르dessert, 프티푸르petitfour까지 이어져 가는 프렌치 코스는 요리라는 각각의 문장들을 의미 있게 배열해서 하나의 문단을 만드는 과정이다. 그리고 그 이야기는 식탁을 차리는 사람들의 열정에 의해, 그리고 식탁을 마주한 사람들의 대화를 통해 재구성되고 완성된다.

프렌치 코스는 다양한 재료와 조리법만큼이나 긴 식사시간으로 유명하다. 길게는 서너 시간에 이르는 프랑스 정찬은 식탁 앞에서 말하지 말라고 배워온 우리의 문화와는 거리가 있다. 시간에 따라 하나씩 전개되는 요리들의 리듬은 따라가기에도 벅차다. 거기에 와인의 페어링이라고 하는 변주들이 일을 더 복잡하게 만든다. 그러나 우리가 사람을 만나 식사를 하는 과정을 되돌아보면 크게 다르지 않다는 것을 알 수 있다. 카페에서 만나 담소를 나누고 호흡을 고른다. 식당으로 이동해 식사를 하고 다른 장소로 옮겨 여흥을 즐긴다. 광어회에 소주, 치킨에 맥주, 빈대떡에 막걸리. 계절에 따라 어묵꼬치에 따뜻한 청주 한 잔도 좋겠다. 우리의 식사도 긴 시간을 요한다. 그들은 우리와 달리 이 모든 일들을 한 식당에서 치를 뿐이다.

아뮤즈 부시

메뉴를 고른다. 레어나 웰던. 스테이크의 템포를 선택한다. 베가니즘véganisme을 비롯한 정치적 기호와 취향, 알레르겐allergen의 배제와 같은 배려는 식대를 지불한 미식가의 권리다. 그런데, 프랑스의 레스토랑에서는 시키지도 않은 공짜 메뉴가 한 가지 나온다. 바로 아뮤즈 부시다. 아뮤즈 부시는 식사의 시작을 알리는 한 입 거리의 메뉴다. 주문을 받지도 기호를 묻지도 않고 테이블 위에 당당히 오른다. 유일하게 레스토랑이 손님에게 사는 메뉴다. 그 식당의 셰프는 아뮤즈 부시를 통해 메뉴의 스타일을 제안하며 손님과의 대화를 시작한다.

프랑스와 벨기에 국경 근처 도시 몽스의 레스토랑le comptoir de marie에서, 그곳 셰프는 육절기로 샤르퀴트리를 다듬어 아뮤즈 부시를 낸다. 테이블에 그대로 전해지는 거대한 육절기의 진동과 셰프의 어깨에 걸쳐진 손 행주는 터프하게 손님의 마음을 터치한다. 손님들은 이 식당에 방문하기 전에 품었던 모든 기대와 예측을 내려놓고 그의 손이 전하는 이야기에 빠져든다. 자신의 스타일을 정중하고 강건하게 전하는 그의 아뮤즈 부시는 다음 메뉴들의 전개를 설득력 있게 만든다. 육절기의 진동이 앞으로 이어질 러프

거대한 육절기를 테이블 위에 올려놓고 보이는 자리에서 아뮤즈 부시를 만드는 벨기에 몽스의 셰프. 진동은 그대로 테이블에 전해지고 이를 통해 손님들은 앞으로 전개될 이야기를 짐작할 수 있다.

최대한의 식사

한 조리를 분명하게 선언하지 않았다면 그의 선 굵은 메뉴들 사이 사이에 숨겨진 세심한 연금술을 그냥 지나쳤을 것이다.

론강을 따라 펼쳐지는 코트 뒤 론의 가장 북쪽 마을 콩드리유. 언덕이라기보다는 절벽이라는 표현이 어울릴 콩드리유의 비오니에 포도밭에서는 론강에 비치는 타는 듯한 노을의 강렬함을 느낄 수 있다. 이 가장 거친 화이트 와인의 마을에는 반대로 무척이나 부드러운 요리를 내는 레스토랑이 있다. 코트 로티와 콩드리유. 북부 론의 포도밭이 분명하게 보여준 색조는 이곳 셰프의 부드러운 아뮤즈 부시 앞에서 눈 녹듯 사라진다. 정말 오래간만에 고등학교 지구과학 시간에 나왔던 '조립질粗粒質'이라는 단어를 떠올린다. 아뮤즈 부시의 반전 있는 식감에 이어 앙트레로 나온 푸아그라는 역시나 아주 부드럽다. 입자감이 완전히 제거된 요리는 조리가 아닌 제과의 영역이었다. 예상대로, 식사를 마치고 나오면서 마주친 셰프는 제과장 아버지와 대화를 나누고 있었다. 부드러운 조립질의 아뮤즈 부시가 아니었다면 콩드리유의 식사는 제과장 아버지를 둔 셰프의 새벽처럼 어수선하고 난해했을 것이다.

아뮤즈 부시는 1970년대 초 프랑스의 음식 비평가인 크리스티앙 미요Christian Millau와 앙리 골Henri Gault이 제안한 '누벨퀴진'으로부터 시작되었다. 재료들의 본질에 집중하고 요리가 가지는 예술적 가능성과 사회적 가치를 발굴해낸 이 새로운 움직임에는 실험적인 도전이 필요했다. 요리사들이 작은 아이디어를 무료로 제공하기 시작한 것은 이전까지 표현된 적 없는 새로운 맛을 미식가들에게 설득시키기 위한 시작점이었다. 이러한 도전은 분자요리까지 이어지는 다양한 조리법과 음식에 대한 새로운 해석을 탄생시켰다. 지금도 코스요리를 전문으로 하는 고급 레스토랑으로부터 단품요리인 알라카르테를 내는 비스트로에 이르기까지 아뮤즈 부시는 식사의 시작을 담당하고 있다. 새로운 도전에 대한 부담을 상쇄하기 위해 시작된 이 작은 접시들은 이제 그 식당의 스타일을 보여주며 손님들이 식사의 시간으로 부드럽게 넘어가도록 도와준다.

아페리티프

"차가운 몽라셰Montrachet 한 잔 먼저 주세요."

단골인 미니스트리는 메뉴판을 펴기도 전에 식전 주를 요청한다. 뉴스 화면에 비친 그녀의 하루는 어지간히 고단했다. 차갑게 칠링된 화이트 와인을 한 모금 넘긴다. 오늘 하루 유일하게 마음에 들었던 것은 하얀색 브로치. 익숙한 식전 주에 안정을 찾고는 아침에 달고 나온 브로치의 위치를 살짝 가다듬는다. 늘 마시던 식전 주는 고된 일과의 문턱에서 안락한 자신만의 방으로 안내한다.

처음 당도한 낯선 지방의 식당. 지역의 술 한 잔이 무척 당긴다. 브르타뉴의 사과와인 시드르, 상세르의 소비뇽 블랑, 리스본의 초록 햇와인 비노 베르드. 메뉴의 선택에 앞서 적당한 식전 주를 선택하는 것은 식사의 경험을 한층 돋우는 중요한 의식이다. 영국 옥스포드 대학가에는 수다스러운 학생들로 가득 찬 오래된 펍 '킹스 암King's arms'이 있다. 겨울철이면 학생들은 따뜻하게 데운 사과주 '멀드사이더'를 마신다. 캐임브리지 대학에 대항해 '왕의 편'이란 위트 있는 이름을 가진 펍에서 늘 마시던 하이네켄을 마실 일은 아니지 않은가?

경우에 따라 식전 주는 새로운 탐험의 시작이 될 수도 있고, 익숙함이 선사하는 안식이 될 수도 있다.

바스락거리는 샴페인의 비밀: 블랑 드 블랑, 블랑 드 누아

프랑스에서 식전 주로 가장 애용되는 것은 샹파뉴 지역의 스파클링 와인인 샴페인이다.

나는 두 가지 경우에만 샴페인을 마신다.
사랑에 빠졌을 때와 그렇지 않을 때.
_코코 샤넬

슈베르트의 Op.144는 송어인가? 숭어인가? 이미 풀려 있는 이 질문은 마치 양자역학의 슈뢰딩거 방정식처럼 듣는 순간 우리를 잠시 당황하게 한다. 정답은 송어. 송어는 붉은 살의 민물고기다. 반면 숭어는 흰 살의 바다 생선이다. 샴페인에도 우리가 헷갈리는 두 가지의 종류가 있다. 블랑 드 블랑과 블랑 드 누아. 직역하면 하얀 하양, 검은 하양이다. 두 갈래는 샴페인을 만드는 포도 품종에 의해 나뉜다. 블랑 드 블랑은 청포도 샤르도네로, 블랑 드 누아는 적포도 피노누아로 만든다. 피아노의 건반을 연이어 누르며 음 사이를 이어 현악기처럼 연주하는 레가토, 바이올린의 현

최대한의 식사 **159**

시드르는 여러 종류의 사과를 블렌딩하여 맛을 이끌어낸다. 일반적으로 한 병을 만드는데 20종 정도의 사과를 사용한다.

을 손으로 튕겨 건반처럼 연주하는 피치카토. 그래서 이 두 상반되는 품종으로 만든 샴페인은 결국 비슷한 질감을 가진다. 바이올린을 피아노처럼 연주할 것인지 피아노를 바이올린처럼 연주할 것인지를 고민하는 양조법은 기체와 액체의 공존이라는 샴페인의 톡 쏘는 아이러니에서 비롯된다.

배려 깊은 식전 주 사이다

와인을 잘 모른다면 새콤달콤한 사이다도 좋은 식전 주가 된다. 사과 발효주인 시드르는 영어로 사이더cider로 불린다. 우리가 알고 있는 청량음료 사이다와 같은 단어다. 독일에서는 아펠바인(alfel, 사과-wein, 와인) 스페인에서는 사가르도(sagar, 사과-ardo, 와인)라고 부른다. 프랑스의 사과주 시드르를 가져와 알코올과 사과 향을 빼고 탄산에만 집중하여 '사이다'를 유통한 것이 한국 사이다의 시작이다.

우리나라에는 1905년 인천의 별표 사이다를 시작으로 서울의 서울사이다, 평양의 금강사이다, 부산의 동방사이다, 대구의 삼성사이다 등이 유행했다. 1950년에는 일곱 명의 창립주 성姓이 다르다는 데서 이름을 딴 칠성사이다가 사이다 업계를 평정하며 오늘에 이른다. 한국과 그 주변국인 일본 단 두 나라에만 존재하는 이 특별한 음료는 사실 프랑스 시드르의 특이한 변신이었다. 시드르는 포도가 재배되지 않는 유럽 북부 지역에서 사과로 와인을 만들면서 시작되었다. 처음에는 품질이 떨어지고 눅눅한 사과 맛이 강해 하층민의 음료로 여겨졌다. 현재의 시드르는 바스크의 귀족 기욤Guilaume Darsus에 의해 개량되어 와인 이상의 품질을 자랑한다. 프랑스 북부의 브르타뉴와 노르망디, 샹파뉴 아르덴, 르와르 지역이 시드르로 유명하다. 독일의 프랑크푸르트, 스페인의 북부 바스크 지역, 이탈리아 피에몬테, 영국의 서부와 벨기에 동부도

시드르 산지로 명성이 높다. 각 지역의 시드르가 선사하는 특별한 맛의 조화는 미식을 넘어 오랜 시간이 만든 문화이고 사람들의 이야기다.

일반적으로 시드르의 알코올 도수는 3도 정도. 맥주보다 여리다. 배로 만든 음료 프와레는 달콤한 향으로, 홍옥으로 만든 시드르 로제는 새콤한 맛으로 입맛을 자극한다. 음료와 술의 모호한 경계를 간질이는 시드르의 매력은 청량한 목 넘김에 있다. 새콤한 산도 속에 숨은 은근한 당도가 주는 변주에는 얼굴이 붉어지지 않을 정도의 산뜻한 배려가 있다.

베르그의 맥주, 슈티

유럽을 나누는 기준은 다양하다. 우리는 지정학적인 기준에 익숙해서 서유럽, 동유럽, 북유럽으로 구획하여 여러 국가들을 나누고 정치적, 경제적 유사성에 집중한다. 그러나 그 외에 여러 기준으로도 유럽을 나눌 수 있다. 요리사들은 음식의 조리를 기준으로 고위도의 버터 유럽과 저위도의 올리브 유럽으로 분류한다. 또한 많이 마시는 주류에 따른 구별도 이채롭다. 이 기준도 여러 문화적 요인을 함축하기에 마시는 음료 이상의 의미를 가진다. 프랑스의 중부와 남부, 이탈리아, 스페인 등지는 와인 유럽, 프랑스 북부와 독일, 벨기에, 네덜란드, 영국은 맥주 유럽, 러시아와 폴란

유럽은 다양한 방법으로 나눌 수 있다.

슈티Ch'ti는 프랑스 북부 사투리로, 전라도의 '거시기'와 비슷하다. 대부분의 사물을 지칭 할 수 있기에 대화 중 문맥을 놓치면 Ch'ti의 의미를 알 수 없다.

드, 스칸디나비아 등지는 보드카 유럽에 해당한다.

프랑스에는 2,000여 종이 넘는 브랜드의 맥주가 판매되고 있다. 주로 포도가 재배되지 않는 북부 지역에서 만들어진다. 특히 그중 칼레Nord-Pas-de-Calais를 중심으로 한 지역은 풍미가 깊은 맥주로 유명하다. 지방색이 무척 강한 프랑스 북동부 지역을 상징하는 단어가 '슈티'다. 그 지역의 사투리에서 유래하여 북부 지역의

1664블랑으로 유명한 프랑스 맥주 회사 크로넨버그는 최근 '티그르 복'을 다시 선보였다. 브라세리 티그르의 도수가 높은 맥주 '복'은 1800년대 파리의 애주가들을 열광시켰었다. 복은 염소라는 의미로, 마시고 나면 염소에 치일 수 있다는 은유로 도수가 높은 맥주를 지칭한다. 지금은 세련된 카페나 작은 식당을 의미하는 바라세리는 원래 양조장이라는 의미다.

사람들, 북부 지역의 특산품을 일컬을 때 두루 사용된다. 전라도 사투리 '거시기' 정도에 해당하는 단어 '슈티'는 이 지역의 맥주 브랜드이기도 하다. 프랑스 북부의 맥주는 다양한 아로마와 깊은 호프 향이 압권이다.

오르되브르

반상飯床. 한식의 한상 차림을 공간 전개형이라 하고, 서양의 코스요리를 시간 전개형이라고 한다. 오르되브르는 동양의 반찬이라는 개념이 서아시아와 동유럽을 거쳐 서유럽까지 전래된 것이다. 프랑스어로 오르되브르는 '식사의 밖'이라는 의미다. 러시아의 오르되브르는 채소 절임인 셰비체와 육회인 타타르 같은 반찬류 들이 한상 차림처럼 여러 접시로 동시에 올려진다. 곁들임 요리인 가니시를 플레이트에 같이 올리는 프랑스에서는 반찬의 개념이 매우 어려워서 결국 오르되브르는 본격적인 식사의 시작인 앙트레 앞에서 식욕을 돋우는 메뉴로 자리잡게 된다. 만약 프렌치 코스의 자리에서 비즈니스 대화가 있다면 오르되브르가 치워지기 전에 마무리하는 것이 좋고, 본식이 시작되면 서로의 식사 취향에 방해가 없는 가벼운 대화를 이어가는 편이 좋다. 조급해하지 않고 기다린다면 프렌치 살롱 문화를 보여주는 디제스티프 digestif 시간이 계약의 좋은 타이밍이다.

프랑스의 마을들은 저마다의 특산품을 자랑한다. 지역의 맛을 고수하는 식당에서 전채요리 오르되브르는 지역특산품의 각축장이다. 장 앙드레 샤리알 셰프로 유명한 오스토 드 보마니에르

오르되브르는 원래 메인 접시의 옆에 놓이는 반찬류를 의미했다. 프렌치 코스에서는 식사 전 제공되는 사이드 메뉴의 개념으로 사용된다.

푸아그라와 캐비어, 완두콩 순을 올린 오르되브르. 아뮤즈 부시와 아프레티프, 그리고 오르되브르까지는 식전의 대화를 위한 메뉴다. 이후 제공되는 앙트레(들어가다)부터 본격적인 식사가 시작된다.

최대한의 식사

Ostau de Boumanière 레스토랑은 남프랑스 내륙 프로방스 지방에 있다. 스페인과 이탈리아 올리브에 대항하는 프랑스 A.O.P. 올리브에 대한 자존심이 느껴지는 올리브 화분 오르되브르는 이 레스토랑의 시그니처 메뉴다. 프로방스 허브로 절인 각색의 올리브 모둠 한 접시는 고가의 캐비어 아뮤즈 부시나 잘 조리된 셰프 특선 양갈비 코틀레트 다뇨보다 인상적이다.

화이트 와인

　　화이트 와인의 선택은 식사의 전반을 가름한다. 이때 메뉴와의 어우러짐과 더불어 계절감에 맞는 화이트 와인의 선택 또한 중요하다.

　　봄은 '보다', 여름은 '열다', 가을은 '갖다', 겨울은 '곁다'에서 온 말이다. 이러한 시간의 더께는 시기의 선택으로 완성된다. 봄날의 꽃향기와 늦은 눈이 녹아내리는 소리들, 여름의 다행스러운 단비와 농부의 팔뚝을 그을린 가을 햇살은 포도알을 가지에서 떼어내는 순간부터 와인이라는 언어로 병 속에 적히기 시작한다. 소설가가 책의 첫 문장을 떼는 것처럼 수확의 날을 정하는 일은 어렵고도 가슴 떨리는 일이다. 적포도야 이랑의 색을 보면 포도가 얼마나 익었는지를 알 수 있다지만, 청포도는 익어도 초록색이기에 바람에 실려 오는 향을 맡고서야 비로소 얼마나 익었는지를 알 수 있다. 한 시인은 그래서 굳이 청포도가 익어가는 계절을 노래했는지 모르겠다. 드러내지 않고 넌지시 전해오는 달콤한 향기를, 이랑들 사이 그 마을의 전설을, 먼 데 하늘이 비친 포도알들의 이야기를 병에 담는 과정은 짙은 레드 와인을 만드는 그것과는 사뭇 다르다.

독일과 국경을 마주하는 프랑스의 북동부 지역 알자스는 화이트 와인으로 유명하다. 눈이 녹아 흐르는 개울에 끈으로 묶은 리슬링 화이트 와인 한 병을 던져 놓으면 기다리는 시간이 무척 즐겁하다. 계곡 물에 넣어 둔 수박처럼 미지근하더라도 크게 속상하지 않다.

하얀 눈이 녹은 자리에 초록 눈을 다는 나뭇가지, 알자스

봄철의 화이트 와인으로는 겨울 동안 잘 재워진 리슬링이 어울린다. 알자스의 첫눈에 마른 포도 가지가 젖고 나무는 조심스럽게 이듬해의 꽃눈을 단다. 달콤함의 절제. 알자스의 리슬링은 독일의 그것과는 달리 드라이한 화이트 와인이다. 노란 꽃의 향기와 초록의 라임 향 사이로, 분명하게 들꽃의 은근한 꿀 향기가 느껴진다. 입에 한 모금을 머금으면 거짓말처럼 달콤함이 사라진다.

와인에서 당도는 두 가지의 역할을 한다. 하나는 말 그대로 달콤함을 느끼게 하는 것이고, 다른 하나는 '바디 감'이라 부르는 구조를 형성하는 것이다. 알자스 리슬링의 당도는 후자에 해당한다. 그러다 보니 알자스의 레스토랑에서는 조금 어색한 장면이 펼쳐진다. 붉은 육류 메뉴에 화이트 와인을 마시는 광경은 지금까지 습득한 와인 마리아주 지식에 비추어 볼 때 낯설다. 알자스에서는 충분한 무게감을 가진 리슬링을 레드 와인처럼 육류와 함께 즐기곤 한다. 이 무거운 화이트 와인을 레드 와인인 셈 치는 그들은 레드 와인을 블랙 와인vin noir이라고 부른다.

여름날의 알싸한 청량감, 푸이 퓌메

르와르강은 파리의 남쪽을 가로질러 대서양까지 1,100km

푸이 퓌메의 와인 메이커 도멘 조나단 디디에. 연기의 언덕이라는 이름답게 땅은 붉은 부싯돌로 되어 있고 와인에서는 매콤한 맛이 난다.

를 흐른다. 상류에서부터 하구까지 강을 따라 유명한 와인의 산지들이 자리잡고 있다. 포도가 자라면서 그곳 토양에 함유된 미네랄을 머금게 되는데 이를 와인의 테루아라고 한다. 강가의 화이트 와인들은 내륙에 위치한 상류와 바다를 인접한 하류의 토질이 극명히 다르기에 그 맛에도 차이가 크다. 내륙 상류의 와인은 바다의 향을 가지며, 하구의 와인들은 오히려 육지의 뉘앙스를 가진다. 이는 바다에서 융기해 침식된 강 상류가 오래전 바다 아래에 있던 지반이기 때문이며, 에베레스트 정상에서 조개껍데기 화석이 발견되는 것도 같은 이치다. 하구는 강이 흘러와 퇴적시킨 땅이다. 그래서 육지의 미네랄을 가지고 있는 하구의 와인들은 땅의 느낌을 가진 향과 맛을 보인다. 푸이 퓌메 또한 내륙 상류의 와인 산지이지만 그 토양은 조개 화석이 나오는 과거 해저의 지형이다. 특별한 짭조름한 맛은 이 지형적 특성에서 비롯된 것이다. 푸이 퓌메의 또 다른 테루아적 특징은 부싯돌이다. 포도밭의 붉은 돌멩이 두 개를 들고 부딪치면 불꽃이 튀기며 매캐한 냄새가 난다. 그래서 와인에도 특유의 매콤함이 숨겨져 있다. 프랑스어로 '푸이'는 언덕을, '퓌메'는 연기를 의미한다. 한겨울 포도나무의 가지를 치고 난 후, 그 가지들을 태우면 푸이 퓌메는 정말로 연기의 언덕으로 변하기도 한다.

론강의 물길이 돌아가는 곳의 가을 노을, 콩드리유

북부 론의 작은 포도밭 콩드리유Condrieu의 어원은 'coin+de+ruisseau강줄기의 코너'로 '물살이 돌아치는 곳'이라는 뜻의 하회마을과 그 의미가 같다. 론강을 바라보는 가장 높고 가파른 언덕에 자리한 콩드리유는 저녁이 되면 하늘의 노을과 론강에 비친 노을에 붉게 물들고, 이 언덕에서 프로방스를 휘감는 북동풍 미스트랄이 시작된다. 론강을 끼고 재배되는 화이트 와인 품종인 비오니에는 샤르도네나 소비뇽 블랑에 비해 저평가 되는 것이 사실이지만 콩드리유의 비오니에만은 몽라셰의 샤르도네, 푸이 퓌메의 소비뇽 블랑과 더불어 최고의 화이트 와인으로 꼽힌다. 극도로 좁고 가파른 콩드리유의 포도밭은 풍요로운 프로방스의 비오니에와 대조를 이루며 콩드리유만의 차진 리듬을 만든다.

콩드리유의 언덕을 넘으면 난데없는 고원 지대가 펼쳐진다. 프로방스의 풍토를 만드는 북동풍 미스트랄은 알프스를 넘으며 푄 현상에 의해 온난 건조한 바람이 된다. 이슬점 감률과 습윤 단열 감률이 같아지는 지점은 따뜻하고 습하다. 길은 녹아 진창이 되지만 사슴과 포도를 살찌운다. 인디언들은 언 눈이 녹는 푄 현상을 '눈을 먹는 자'라고 부른다.

앙트레

　　알자스의 스트라스부르 대학교 영문과 교수 파비앙은 두 개의 모국어를 가지고 있다. 하나는 프랑스어고 다른 하나는 '알자시안'이라 하는 알자스의 언어다. 독일과의 국경 지역인 알자스는 근대사의 시간 동안 프랑스와 독일 두 나라 사이의 영토 분쟁으로 고통받았다. 교수의 어머니는 네 번이나 국적이 바뀌었다고 한다. 그들은 결국 프렌치도 게르만도 아닌 알자시안으로 그들 나름의 문화를 만들어 왔다.

　　파비앙 교수는 알자스의 문화를 궁금해하는 이방인 셰프에게 알자스 전통 요리를 직접 만들어준다. 만국 공통어인 맛을 통해 알자스의 지역색을 보여주기 위함이었다. 그가 앙트레로 낸 요리는 '프락시나카 fleischschnacka'라는 고기 파이다. 달팽이처럼 생긴 이 샤르퀴트리 롤 파이는 알자스의 에스카르고라 불린다. 그가 앙트레를 통해 말하고 싶어 한 것은 알자스의 풍토가 선사하는 맛이었다. 앙트레, 플라, 데세르는 가장 기본적이며 전형적인 프랑스의 식사 구성이다. 어떤 면에서 앙트레는 땅의 이야기이고, 플라는 요리사의 이야기이며, 데세르는 손님의 이야기이다. 지방의 요리사들은 지역의 풍토를 닮은 요리들을 앙트레로 배치하고 조리법과 기술을 요하는 메뉴를 플라로 배치한다. 앙트레는 '들어가

스트라스부르그 대학교의 파비앙교수는 프랑스어, 알자스어, 독일어를 모국어로 쓰지만, 그는 영문과 교수다. 그가 만드는 지역의 음식은 마치 사투리처럼 특별한 뉘앙스를 가지고 있다.

다'라는 의미를 가진 단어로, 우리말로 번역한다면 '도입음식' 정도가 된다. 앙트레는 식사의 초반에 수프와 오르되브르가 나온 다음 제공되는 음식이다.

  프랑스에서 앙트레라는 단어가 처음 등장한 것은 16세기 중반이다. 앙트레 드 타블entrée de table 즉, '식사의 입장'이라는 코스의 도입부를 의미했다. 처음에는 소스를 뿌린 든든한 육류로 제공되던 것이 최근에는 좀 더 가벼운 요리들로 대체되었다. 이는

프락시나카는 달팽이 모양으로 만드는 알자스 지역의 고기파이다. 알자스어로 슈낙Schnack은 달팽이를, 프리슈Fleisch는 고기를 의미한다. 당연히 달팽이는 들어가지 않는다. 굳이 달팽이 모양으로 고기파이를 굽게 된 것은 두 단어의 철자 중 sch가 겹치는 데서 비롯되었다.

1930년대 프렌치 코스가 지금처럼 시간 전개형으로 완전히 고착되면서다. 이 시점부터 달걀 요리나 해산물 요리가 앙트레로 애용되기 시작하며, 그에 더불어 화이트 와인이 레드 와인보다 앞서 나오게 되었다.

레드 와인

포도주의 그윽한 기쁨은 뉘우침을 가라앉히고, 추억을 불러일으키고, 괴로움을 잠재운다.
_ Ch. 보들레르

프랑스가 사랑하는 시인 보들레르는 와인에 관한 여러 시편을 통해 포도주는 사람을 닮았다고 노래한다. 사랑해야 좋을지 미워해야 좋을지, 어느 정도까지 존중해야 좋을지 멸시해야 좋을지 알 수가 없다. 그렇기에 처음 와인을 대할 때에는 친구를 사귀듯이 가혹하지 않게, 두루 동등하게 대하는 것이 좋다.

뉴질랜드의 소비뇽 블랑. 이 친구와는 이불 속에 발 무릎을 넣고 밤새 수다를 떨어도 좋다. 그의 목소리는 청아하고 낱말에는 악의가 없다. 나파벨리의 카베르네 소비뇽은 순수한 열정을 가진, 언제나 신입사원 같은 친구다. 그의 순수함으로 똘똘 뭉친 성격은 축의금을 맡기기에 적당하지만 어쩌면 고문관이 될 수도 있겠다. 호주의 쉬라즈는 우산을 같이 받쳐 쓰고 함께 걸을 때, 지면에서 올라오는 들큼한 쾌쾌함보다 우산에 떨어지는 빗방울 소리에 집중하게 만드는 친구다. 고급의 향수는 아니지만 그의 체취는 싫지 않다. 부르고뉴의 피노누아. 이 친구는 호오가 확실하다. 맞추기

"Les hommes sont comme les vins :
Avec le temps les bons s'améliorent et
les mauvais s'aigrissent."

Cicéron

와인은 사람과 같아서 좋은 와인은 오래될수록 더욱 좋아지고 나쁜 와인은 시간이 지남에 따라 점점 나빠진다. _프랑스 속담

힘든 성격이지만 한 번 맘을 열면 변함없는 지조를 가진 진국 같은 친구다. 적당한 긴장감이 유지되지 않는다면 그녀의 맘은 달아난다. 상파뉴의 샴페인은 즐거운 수다를 전하는 친구다. 함께 영화를 보고 난 후라면 그의 이야기는 적당한 밀도와 깊이를 가진다. 그는 맥주 한 잔을 기울이며 영화 속 미장센들을 알려줄 참이다. 가볍지 않은 쫄깃한 토커티브.

템포를 레어로 선택했다면 부르고뉴의 나르시시즘, 버건디

프랑스의 소설가 로맹 가리는 인생을 살아가다 보면 언젠가는 보르도가 필요한 순간이 있다고 말했다. 문장의 행간을 읽으면 그가 부르고뉴 와인을 얼마나 사랑했는지 알 수 있다.

프랑스 동쪽 부르고뉴-프랑셰-콩테주Region Bourgogne-Franche-Comte. 프랑스 사람들은 우리나라의 마창진마산, 창원, 진해처럼 이 지역을 세에프베CFB라고 부른다. 황금 언덕côte d'or 북쪽으로는 머스타드의 고장 디종, 남쪽으로는 세계 미식의 수도 리옹 사이로 길게 부르고뉴 포도밭이 자리 잡았다. 부르고뉴는 와인의 고장이다. 부르고뉴는 피노누아 포도 한 종만을 고집하며 시간의 영광과 사람의 노고를 끈질기게 탐구한다. 와인색을 지칭하는 '버건디 컬러'는 부르고뉴 피노누아 와인만의 고유한 색으로, 부르고뉴를 영어로 버건디라고 부른다. 다홍색과 적갈색, 자주색의 수채물감을 충분한 물속에서 맑게 섞으면 버건디 색이 만들어진다. 같은 색을 유화 기법으로 짙게 섞는다면 남프랑스 코트 뒤 론 지역의 와인색이 되고, 여기에 다갈색과 청록색의 물감을 더한다면 보르도 와인의 빛깔이 된다.

수많은 와인들 중 피에몬테의 바롤로와 함께 부르고뉴의 피노누아만은 서툰 구석이 없다. 부르고뉴의 피노누아 와인에는 블렌딩의 미묘한 변화로 시간을 이겨낸 보르도 와인의 터프함도, 와인 메이커의 성향이 변화되어 코르크를 열자마자 튀어나오는 오레건 피노누아 와인의 재간도 없다. 그냥 수백 년 전의, 이미 그대로 충분한 와인으로 병에 담기며 그 역사를 그대로 지켜간다. 이러한 부르고뉴 와인 메이커들의 지조는 버건디 와인에 새로운 기능 한 가지를 더했다. 버건디의 맛과 향에 대한 부동의 믿음이 시간을 날카롭게 찢고, 책갈피처럼 그 자리에 와인을 마시던 당시의 기억을 각인한다. 그래서 시간과 사람과 공간을 채운 문장들은 시간이 지난 뒤 그 와인을 만났을 때 그대로 되살아난다. 몽라셰 마을의 와인이 주는 특정한 트러플 버섯과 브리 치즈의 향은 바틀로 고개를 돌리지 않아도 그해 어느 날 봄, 남해에서 와인 잔으로 툭 떨어진 주먹만 한 동백꽃의 미소를 떠오르게 한다. 쥐브리-생 브리탕의 혀끝을 살짝 아리는 특유의 조임은 언제나 똑같다. 그 쫄깃함은 칠흑 같았던 여름밤의 논두렁 산책길, 강화도 바닷가 앞에서 울어대던 개구리와 귀뚜라미의 소리를 떠오르게 한다.

에세죠 마을 와인의 루비 색을 마주하면 입에 대기도 전에 부르고뉴에서 만난 니콜 할머니의 소고기찜 요리 뵈프 부르기뇽 식감에 대한 기억으로 턱 안쪽을 오물거리게 된다. 시간을 이해하고 자기편으로 만든 부르고뉴 와인들의 지조는 시간이 지난 뒤에도 변함이 없기에 기억을 올려놓고 갈무리할 수 있다. 코르크 마개를 열었을 때 피어나는 향만으로 아무렇지도 않게 잊고 있었던 단편들이 떠오르는 것은 부르고뉴 피노누아만의 매력이다.

은은한 채소의 향마저 해치지 않는 쥐라의 피노누아

부르고뉴의 피노누아는 부드럽고 단아한 느낌으로 사랑받는다. 쥐라는 부르고뉴의 북쪽에 위치한 지역으로 프랑스의 모든 와인 산지 중 산 그림자가 가장 빨리 드리운다. 쥐라에는 겨울이 빨리 찾아오기 때문에 수확시기가 빠르다. 이러한 지리적 특성상 부르고뉴의 다른 지역보다 좀 더 청아한 느낌의 레드 와인을 생산한다. 프랑스에서 가장 여리고 부드러운 레드 와인이다. 쥐라는 아르보아 화이트 와인과 콩테 치즈로도 유명하다. 프랑스의 유명 화학자 파스퇴르는 쥐라 출신으로 그의 가문은 아직도 쥐라 지역에 포도밭을 소유하고 와인을 만들고 있다.

양갈비 꼬뜰레뜨 다뇨의 진한 향에는 카오르의 말벡

카오르Cahors는 프랑스 남동쪽, 보르도 우측에 위치한다. 말벡은 남미의 아르헨티나 와인으로 알려져 있지만 실은 프랑스에서 아르헨티나로 건너간 품종이다. 크기가 작아지고 껍질이 두꺼워진 개량종은 진하고 타닌이 풍부한 와인을 만들겠다는 집념의 산물이었다. 결국 아르헨티나의 말벡은 칠레의 카르미네르, 호주의 쉬라즈를 넘어 가장 진한 와인의 자리에 오른다. 반면 아르헨티나 말벡의 조상격인 카오르의 말벡은 과실의 다양한 향과 맛에 집중한다. 그래서 와인의 맛을 서술하는 다양한 은유들이 존재하지만 카오르 말벡에 필요 충분한 술어는 '맛있다'이다.

카오르는 보르도에서 그리 멀지 않은 지방이다. 과거 콧대 높은 보르도의 와인 생산자들은 카베르네 소비뇽과 메를로에서 나오지 않는 이 '맛있는' 맛을 자신들의 와인에 포함하기 위해 라벨에 표기하지 않은 채 카오르의 말벡을 블렌딩에 몰래 포함시키곤 했다. 30년 맛집의 찬장에 몰래 숨겨진 라면수프처럼 보르도 와이너리에게 카오르의 말벡은 맛에 대한 참기 힘든 유혹이었다. 특히 이 지역의 화이트 와인은 아주 소량 생산되기 때문에 카오르 이외의 지역에서는 만나보기 힘들다. 카오르 언덕의 가장 높은 이랑에는 언제나 짙은 포도향이 가득하다.

새로운 맛을 탐험하는 순간에 어울리는 시농의 카베르네 프랑

1할 또는 5푼. 일반적으로 카베르네 프랑이 블렌딩되는 비율이다. 보르도의 레드 와인에서 카베르네 프랑은 카베르네 소비뇽, 메를로에 밀려 언제나 조연의 자리에 머무른다. 그러나 조연 배우가 주인공으로 나오는 영화들에서 우리는 그들의 연기에 대한 진지함과 삶에 대한 강인한 해석에 열광한다. 카베르네 프랑만으로 만든 시농의 레드 와인에는 그러한 예기치 않은 완성도가 있다. 처음 만나는 잘 익은 카베르네 프랑은 그 향기에 잔이 터져나갈 듯한 착각을 일으킨다.

시농은 르와르강의 중류지역에 위치한다. 파리의 아래를 지나 대서양을 향해 1,100Km를 흐르는 르와르강은 아름다운 풍경과 지리적 위치 때문에 예로부터 귀족들이 성을 지어 살아왔다. '잠자는 숲속의 공주' 같은 많은 동화들의 배경은 르와르강가의 고성들이다. 왕족의 입김으로부터 적당한 거리에 모여든 백작과 공작들이 가장 많이 대동한 것은 최고의 요리사들이었다. 산비둘기와 뿔닭과 같은 멧새들과 사슴, 토끼, 말과 개구리까지. 시농의 카베르네 프랑에게 주어진 숙제는 고심하고 익혀야 할 내용이 상당히 방대했다. 금전에 구애되지 않는 귀족들의 까다로운 입맛을 위해 야생의 재료를 이겨내야만 했던 요리사들과 시농의 와인은 그렇게 내공을 쌓으며 특유의 캐릭터를 만들었다.

플라

　　코스의 정점이라 할 수 있는 메인 요리의 프랑스식 이름은 접시를 의미하는 '플라'다. 아뮤즈 부시부터 시작해서 이제까지 식탁 위에 놓인 '접시'들은 안중에도 없는 듯, 프랑스 사람들은 다시 시작되는 '접시'에 집중한다. 이러한 조어는 미식에 대한 자부심에서 오는 위트다. 접시 위에 올라가는 메인 재료와 소스, 곁들임 가니시가 입체적으로 어우러진다. 마치 삼차원 루빅 큐브를 맞추는 것처럼 이리 돌리고 저리 돌려야 맛의 조화를 찾을 수 있다. 사실 맞추기의 순서 공식을 모른다면 큐브를 완성하는 것은 쉽지 않다.

　　수많은 미식 재료가 모여드는 프랑스 클리송clisson에서는 육류와 덩이줄기 채소의 짝 맞추기 향연이 펼쳐진다. 사슴고기와 하얀 당근 파스닙, 비둘기 로티에는 두루미냉이를 올린다. 뿔닭의 옆에는 뚱딴지가 자리한다. 이렇듯 메인 요리 플라는 재료와 조리의 다양성을 극대화한다. 최고의 요리에는 손이 많이 가는 조리법이나 아름다운 플레이팅에 앞서 다양한 재료의 알맞은 선택이 중요하다. 그러기에 프랑스 사람들은 언제나 테루아terroir에 집중한다.

　　테루아는 땅이라는 의미의 테르terre에서 파생된 단어로, 강

단백질 함량이 높은 된장찌개와 함께 고기를 먹는 한국 사람들은 마블링이 진한 지방이 많은 부위를 선호하고, 지방이 풍부한 버터와 함께 고기를 즐기는 프랑스 사람들은 단백질 함량이 높은 고기를 선호한다.

수량이나 기온과 같은 지리적 기후적 요소와 경작법 또는 사육과정의 전반을 포함하는 개념이다. 테루아는 특히 토질이나 토양의 구조와 같은 지형학적 재배지의 특성이 중심이 되어 식재료의 맛을 가늠하는 척도가 된다. 프랑스에는 우리의 원산지 표시 제도와 같은 지리적 표시 보호 제도인 A.O.P. appellation d'origine protégée 가 있다. 과거에 재배법이나 품종에 대한 통제를 중점으로 했던 A.O.C. appellation d'origine contrôlée는 지리적 표시 보호에 중점을 두면서 2009년부터 바뀌어 적용되고 있다. 이러한 제도는 와인으로부터 치즈와 같은 유제품, 과일, 채소 등 다양한 식재료에 대한 통제와 보호를

미식의 마을 중 하나인 프랑스 중부 작은 마을 클리송의 요리사들은 멧고기와 구근의 변주에 뛰어나다. 경우에 따라 대여섯 가지의 뿌리채소가 동시에 접시 위에 오른다.

목적으로 한다. 예를 들어 세계 최고의 품질을 자랑하는 일 드 프랑스의 모 지역에서 나온 브리 치즈에 '브리 드 모brie de meaux'라는 제품명을 사용하기 위해서는 특정 지역에서 나온 우유를 사용해야만 하고, 숙성기간도 지정한 기간에 맞추어야 한다. 심지어 치즈에 사용하는 우유를 착유하는 젖소의 한 마리당 최소 생육 면적과 같은 요소까지 제한한다. 관리 당국은 안으로는 제품의 품질이 최상으로 유지되어 세계적인 명성을 가지게 하고, 다른 지역과의 차별성이 뒤섞이지 않도록 관리한다. 더불어 밖으로는 지리적 명칭의 도용을 철저히 막아 그 지역의 특산품이 가치를 인정받고 사람들의 노고가 헛되지 않게 도와준다.

프로마주

치즈라는 의미의 프로마주는 메인 식사와 데세르 사이에 위치한다. 식사를 마치게 되면 여러 종류의 치즈를 담은 트레이가 식탁 위에 오른다. 손님은 그중 기호에 맞는 치즈 몇 조각을 골라 맛볼 수 있다. 프랑스에만 1,200종이 넘는 다양한 치즈가 있다. 지역의 특산 치즈로부터 브리나 카망베르 같은 프랑스인들이 좋아하는 유명한 치즈에 이르기까지 레스토랑이 선별한 수십 종의 치즈는 또다시 선택의 시간을 강요한다.

  수많은 치즈를 몇 갈래로 나누는 것은 쉽지 않지만 크게 세 부류의 치즈로 나누어 선택을 한다면 도움이 된다. 부드러운 속살에 하얀 솜털 같은 가루가 덮여 있는 것들이 연성 치즈다. 이 연성 치즈를 압착해서 단단하게 만든 것이 경성 치즈고, 연성 치즈의 피막을 계속 닦아내 짙게 발효시킨 것이 피막을 닦은 연성 치즈다. 초심자에게는 짭조름하고 담백한 경성 치즈가 잘 맞는다. 에멘탈과 같은 단단한 치즈 한 조각은 코스의 입가심으로 맞춤하다. 연성 치즈를 고른다면 이동시간과 거리가 짧은 그 지역의 치즈를 선택하는 것이 좋다. 껍질을 닦은 연성 치즈를 선택했다면 맛에 대해 새롭게 경험하려는 도전이 필요할 수도 있다. 껍질을 닦은 연성 치즈는 우리의 묵은지처럼 처음 접하기에는 쉽지 않으

너무 많은 치즈를 먹는 것은 음식이 부족했다는 의미로, 초대를 받은 경우라면 억지로 많은 치즈를 먹는 것을 오히려 삼가야 한다.

나 그래도 그 맛의 강렬함은 오랫동안 기억될 것이다. 너무 많은 치즈를 먹는 것은 식사가 부족했다는 의미가 되니 맞춤한 양을 취하는 센스는 품위를 보여주는 마침표라 해도 좋겠다.

데세르

　알자스를 대표하는 레스토랑 오베르진 드 릴의 마크 헤버린 셰프. 50해 연속 미쉐린 3스타를 받았다. 50번째 별을 받은 뒤에 디자인한 디저트의 이름은 '알자스의 질투'였다. 레스토랑의 디저트에는 셰프의 위트가 녹아든다. 요리사는 진중했던 조리에 마침표를 찍으며 비로소 살짝 웃을 수 있는 여유가 생긴다. 영화 「파리로 가는 길」에 등장한 디저트 '니플스 오브 비너스'도 프랑스에서는 자주 이용되는 쇼콜라 디저트 중 하나다.
　프랑스에서 디저트는 우리의 후식과는 다른 개념이다. 입가심이 아닌 3할의 분량을 차지하는 식사의 엄연한 일부다. 가장 프랑스적인 풍경 중 하나가 나이 지긋한 어르신들이 담소를 나누며 커다란 쇼콜라 디저트를 즐기는 장면이다. 밥을 중심으로 하는 식사를 통해 충분한 당을 섭취하는 우리의 식문화로는 커다란 디저트의 필요성을 느끼지 못하지만, 갈비를 먹은 뒤의 냉면이나 본 요리 뒤의 공기밥을 생각하면 그들의 디저트를 이해할 수 있다. 영양학적으로 단백질과 탄수화물의 균형을 맞추는 것이 디저트다.
　데세르는 입가심 이상의 의미를 가진다. 디저트는 식사의 마침이 아니라 함께 나눈 시간에 대한 아쉬움이고 다음 만남에 대한 기약이다.

알자스에 위치한 레스토랑 오베르진 드 릴의 헤버린 셰프는 50해 연속 3스타를 받았다. 그가 그것을 기념해 선보인 디저트는 '알자스의 질투'였다.

(좌) 쇼콜라 데세르 '니플스 오브 비너스'. 디저트에는 셰프의 위트가 녹아든다.
(우) 거꾸로 구운 사과 파이 '타르트 타탱' 디저트는 식사의 마침이 아니라 함께한 시간에 대한 아쉬움이고 새로운 만남에 대한 기약이다.

최대한의 식사

프티 푸르

프티 푸르는 문자 그대로 '작은 오븐'을 의미한다. 1800년대까지 오븐은 불이 붙은 커다란 석재 캐비닛에 지나지 않았다. 아궁이 정도에 해당하는 당시의 오븐은 온도의 섬세한 조절이 불가능했다. 그 결과 당시 프랑스 오븐에는 두 가지 설정만 가능했다. 오븐 아래의 석탄이 연소될 때 타오르는 뜨거운 상태의 오븐은 '큰 오븐'이라 하며, 고기를 요리하는 데 사용된다. 오븐 아래의 불이 꺼지면 어느 정도의 시간 동안 열이 유지되는데 이렇게 갇힌 열은 작은 페이스트리를 요리하기에 충분했다. 이때의 오븐을 '작은 오븐'이라고 불렀다.

전통적인 프티 푸르는 네 가지 범주로 나뉜다. 마카롱과 같이 저온에서 굽는 드라이 쿠키petits fours sec, 속이 채워진 작은 케이크나 에클레르petits fours glaces, 부드러운 푸딩petits fours frais을 비롯한 말린 과일, 그리고 초콜릿petits fours deguises이 그 종류다. 레스토랑의 코스에서 프티 푸르는 커피나 차와 함께 제공된다. 오븐을 의미하는 푸르four는 영어에서 숫자 4를 나타내는 포four와 철자가 같다. 네 가지 프티 푸르가 테이블에 오르는 것도 이러한 언어적 유희에서 출발되었다. 네 가지 프티 푸르는 식사의 마지막을 풍요롭게 한다.

Four 4 Four

프티 푸르는 언젠가부터 네 가지가 한 묶음이 되었다. 프랑스어로 오븐을 뜻하는 푸르four는 영어로 숫자 4와 철자가 같다.

라디시옹

"라디시옹 실부플레 l'addition, s'il vous plaît, 계산서 부탁드립니다."
식사가 끝난 후도 손님의 시간이다. 레스토랑은 식사의 마지막으로 '시간'이라는 메뉴를 올린다. 접객원은 손님이 부를 때까지 기다린다. 식사를 마친 후 계산대에서 계산을 하는 우리 문화와는 다른 경험이다. 시간이 촉박한 여행자에게는 불편한 구석도 많다. 라디시옹과 함께 식사의 마지막에 우리를 걱정스럽게 하는 것이 팁 문화다. 줘야 하나 말아야 하나, 얼마나 내야 멋진 걸까, 하는 고민에 소화가 거의 다 될 지경이다. 팁이라는 것은 사실 칭찬에 해당한다. 그 칭찬은 다시 이 음식을 먹고 싶다, 이러한 서비스를 다음에도 받고 싶다는 무언의 요청인 셈이다. 팁이 아니더라도 따뜻한 한마디의 칭찬을 건넨다면 내 입맛에 맞고 편히 즐길 수 있는 식당이 점점 늘어날 것이다.

해마다 같은 날, 같은 자리를 예약하는 노부부가 있다. 마흔 아홉 번째 결혼기념일을 축하하기 위해 처음 방문하셨다. 몇 해가 흘러 이제 금혼을 지나 회혼의 식탁을 차려드릴 날이 머지않았다. 그날 아내는 휴대폰으로 요리를 찍고, 남편은 작은 똑딱이 카메라로 요리를 찍는 아내의 모습을 찍는다. 노신사는 항상

아내의 자리에 만 원권 한 장을 놓고 나간다. 혹여 자신이 떠난 뒤, 기억을 찾아 들를 아내를 위해 환대받을 자리를 미리 마련해 두는 마음이 어렴풋이 느껴진다. 마당의 감나무에 달콤한 홍시 향이 퍼지면 노부부의 예약을 확인하게 된다.

문학평론가 이광호는 "모든 장소는 시간의 이름이다."라고 말했다. 시간의 서사는 장소의 묘사로 이미지화되고 이름이라는 단어로 기억된다. 일상의 시간은 주로 식당의 이름으로 기억되기 마련이다. 식당의 테이블에는 그간의 계산서 라디시옹의 숫자만큼 다양한 이야기가 쌓여 있다.

최소한의
식사

〈최소한의 식사, 살기 위해 먹는 법〉은 기내식이나 선상식 등 간이 식사들의 소중함과 그 맛의 짙은 여운을 그린다. 낯선 시간, 낯선 장소에서 맞이하는 설렘과 설음을 동시에 전한다. 시원한 물 한 잔이 고량진미보다 필요한 순간이 있다.

최소한의 식사

인간은 먹기 위해 사는 것이 아니라 살기 위해 먹어야 한다.
_소크라테스

  살기 위해 먹어야 하는 순간들이 있다. 비행기가 이륙하고 기내식이 제공되는 시간이다. '치킨 or 피쉬?' 승무원의 지휘에 맞춰 모두가 일사분란하게 움직이기 시작한다. 등받이에 붙어 있는 간이식탁을 펼친다. 작은 판자가 어느 정도 수평이 맞는다면 일단 안도한다. 심지어 조금 전까지 앞 사람의 의자에 붙어 있던 것이 아닌가? 플라스틱 나이프와 스테이크는 서로의 강도를 경쟁한다. 아슬아슬하게 플라스틱 나이프가 승리를 거둔다. 스포크(스푼과 포크가 합쳐져 있는 간이 식기)를 사용해 자른 고기를 찍어 올릴 때에는 스푼의 움푹한 곳이 아래쪽을 바라보게 하는 것이 맞다. 스푼이 아닌 포크처럼 사용하는 것이 과도한 소스를 한 번에 입에 넣지 않게 돕는다. 고기를 먹을 때는 벨트를 풀어주는 것이 동양의 미덕인데 안전벨트까지 두 개의 벨트를 매고 식사를 하다니! 살기 위해, 심지어 자기 위해 먹는다.

'집'이라는 것의 정의는 다양하다. 집의 안과 밖을 개인적인 공간이라 할 때, 개인적인 공간을 확장하는 데는 나름의 방법들이 있다. 물리적인 단절로 공간을 구획하는 것에서 심리적인 관점으로 확대한다면 아무도 나를 알아 볼 수 없는 낯선 해외의 도시는 그 전체가 집이 되기도 한다. 여행자의 일상은 생각하기에 따라 집에 있는 듯이 자유로운 것일지 모른다. 그러나 먹는 일만큼은 다르다. 마음을 어떻게든 달래보거나 심리적으로 위안을 한다 하여 배가 부르지는 않다. 한 입 떠넘기는 일이 거룩하다고 한 시인의 말이 정답이다. 제아무리 금강산이라도 결국 식후경이다.

우리에게 가장 이국적인 지명 중 하나가 룩셈부르크다. '베네룩스 3국'으로 암기했던 '세계사 시간'이 떠오른다. 아마도 벨기에와 네덜란드의 사이 어딘가에 있을 것이다. 낯선 이정표들은 도착 시간을 늦게 만들곤 한다. 룩셈부르크에서의 첫 식사도 식당 문이 닫기 직전 어렵게 치러졌다. 식사 전 룩셈부르크의 토착 스파클링 와인 한 잔을 주문한다. 밥을 먹을 수 있게 되었다는 안도와 이해할 수 없는 문자들을 뚫고 목적지에 닿았다는 대견함이 공존하는 시간이다. 와인 한 잔이 시원하고 맛있다. 기포는 힘차고 짙은 향은 잔을 넘어 테이블을 적신다. 어쩌면 샴페인을 넘어서는 최고의 스파클링 와인이라는 생각이 든다. 다음 날 마트에서 우연히 같은 와인을 만났다. 1.9유로, 3,000원 정도의 와인이었다. 원효대사의 해골에 담긴 물 일화가 떠오른다. 최소한의 식사들은 입이 아니라 몸에서 달다.

기내식과
선상식

완행 비행기

많은 국가와 도시가 얽혀 일일 생활권으로 움직이는 유럽. 그곳에는 우리에게 익숙하지 않은 이동수단이 있다. 바로 완행 비행기. 아프리카 모로코의 도시 카사블랑카에서 이륙한 비행기는 니스에서 일부 승객을 내려놓고 툴롱으로 향한다. 비행기가 거쳐 가는 역이 여러 개 있는 셈이다. 승객은 자신이 내려야 할 정거 공항이 아니라면 그대로 자리에 앉아 있으면 된다. 정거한 공항에서 승차하는 승객들이 자리에 앉으면 비행기는 다음 행선지로 향한다. 비행시간은 기내식이 제공되기에도 그렇지 않기에도 애매하게 되어 있다. 역과 역 사이에서 수평비행이 시작되면 기내 승무원들은 우리의 완행열차에서 볼 수 있듯 스낵을 파는 카트를 밀고 나타난다. 비행기 내에서 요금을 치르며 간식을 사먹는 모습은 기차의 객실 모습과 흡사하다.

지브롤터 해협의 선상식

코르시카는 지중해에 위치한 프랑스의 섬이다. 제주도보다 큰 크기의 이 섬은 다양한 방법으로 입출할 수 있다. 가장 빠르고 일반적인 방법은 비행기를 이용하는 것이다. 그러나 코르시카 여행의 백미는 역시 코르시카 페리다. 7층이 넘는 크기의 배는 지중해를 부드럽게 헤쳐 나간다. 물론 비행기로 두 시간이면 닿을 수 있는 거리를 열댓 시간이 걸려야 도착할 수 있다 해도 선상에는 야외 수영장, 영화관을 비롯해 다양한 편의 시설이 구비되어 있어서 여유를 부리는 데 안성맞춤이다. 덕분에 지브롤터 해협을 건너는 연락선의 선내 서너 군데의 식당은 덩달아 분주하다. 이에 비해 북아프리카와 서유럽을 건너는 항로는 이동의 공평함이 사라진 지 오래다. 어느 한 방향으로 이동할 때는 웬만큼의 편안함이 보장되다가도 다른 역방향으로 이동할 때는 목숨을 걸어야 하는 경우도 있다. 그나마 모로코 탕헤르와 스페인 사이의 연락선은 간이 매점이나마 먹을 것을 갖추고 있으니 다행이다. 그러나 딱 그 정도까지의 여유만 허락하기라도 한다는 듯이 메뉴 또한 토르티야를 비롯해 아주 단출하다. 그나마도 사증에 입국 허가 도장이 찍혀야 아프리카에서 유럽으로 향하는 사람들의 식사는 겨우 시작된다.

항구의 식당

바르샤바 발 부다페스트 행 야간열차를 기다리던 중, 기차역 식당에서 만난 단무지밖에 들어 있지 않은 초라한 김밥과 차가운 물 한 잔은 유럽에서 가장 기억에 남는 식사 중 하나였다. 기차역과 버스터미널, 항구 그리고 공항의 식당은 언제나 떠나는 사람을 위한 공간이다. 그리고 떠나기 위한 식사에는 과하지 않게 든든해야 한다는 강박이 존재한다. 영국의 포츠머스에서 프랑스 르아브르로 향하는 배는 늦은 저녁에 출항한다. 보통 영국과 프랑스의 이동은 항공 혹은 도버터널을 통해 이동하기 때문에 과거에 성행했던 포츠머스-르 아브르 여객선의 노선은 운항이 많이 줄었다. 그럼에도 포츠머스 항구에는 아직 해적 깃발을 달고 있는 식당 하나가 남아 있어 떠나는 이들을 외롭지 않게 배웅한다.

항구는 떠나는 이들과 떠나보내는 이들이 모여 있는 곳이다. 대부분의 항구에는 그들만의 슬픔이 있고 그들만의 노래가 있으며 그들만의 요리가 있다.

세상의 반대편 리스본 골목 모퉁이 식당에 들어서는 노부부. 그들은 오늘 시장에서 의자 하나를 사 오는 길이다. 두 사람의

부다페스트행 야간열차를 기다리던 중 만난 단무지 초밥. 차가운 물 한 잔과 이 말도 안 되는 김밥은 여행 중 만난 가장 맛있고 필요한 식사였다.

식사가 이 곳에서 몇 번이나 반복되었는지는 헤아리기 힘들다. 어제도 먹었던 바칼라우 한 접시 위에는 40여 년이 지나 망가진 의자 속 두 사람의 비밀 이야기가 소스로 올라간다.

얼핏 비슷하지만 어딘가 다른 파두, 골목 밥 요리

리스본은 떠나는 일과 떠나보내는 일에 익숙한 곳이다. 수세기 동안 유럽의 관문이었던 이 도시에서는 여느 국경처럼 문명

리스본에서 주로 사용되는 둥근 쌀Arroz redondo과 긴 쌀Arroz largo. 이베리아반도에서는 결혼식에 쌀을 던지는 풍습이 있는데, 반드시 긴 쌀을 던져야 한다.

의 충돌 속에 새로운 맛과 문화가 만들어진다. 리스본에서는 유럽의 식문화는 물론 북아프리카의 음식들과 서아시아, 아랍의 향신료들이 영욕의 포르투갈 역사와 함께 버무려져 접시 위에 놓인다.

무어moors의 지배를 받은 스페인의 파에야paella 만큼이나 다양한 밥 요리가 한국인에게 재미를 준다. 스페인에서는 모양에 차이가 나는 두 가지 쌀을 혼재해서 사용한다. 지역별로 취향이 달라, SNS에서는 둘 중 어느 쪽의 쌀을 선호하는지 묻는 투표가 종종 진행된다. 둥근 쌀이 길다란 쌀보다 차져서 우리 입에 맞는다. 리스본의 고급 레스토랑 셰프들도 이 쌀을 선호한다. 밥 요리

리스본의 트램. 떠나가는 사람들과 떠나보내는 사람들의 이야기가 엉키는 항구의 음식은 구슬프지만 따뜻한 마지막의 순간이었다.

바칼라우, 대서양의 해풍에 말린 대구. 태평양의 바닷바람과는 다른 이국적인 소금의 변주가 이채롭다.

를 할 때 온갖 설명을 곁들이며 정성스럽게 은박지로 덮어 뜸을 들이는 모습은 우리가 보기엔 앙증스럽기까지 하다.

한국인 취향 저격의 건대구 백반, 바칼라우

바칼라우Bacalhau는 에그타르트custard tart와 함께 포르투갈의 대표적인 음식이다. 대서양의 해풍에 말린 대구를 구워 밥과 함께

해산물 파테. 파테는 페이스트라고도 부른다. 고기나 해산물 혹은 채소로 만드는 잼이라고 보면 맞다. 이곳에서는 다양한 해산물 파테를 빵에 발라 스튜를 찍어 먹는다.

먹는데, 우리나라의 굴비구이 백반과 비슷하다. 바칼라우 요리에 사용하는 대구는 그 종류가 다양하고 레시피에 따라 사용하는 부위도 각각 다르다. 몸통 부분인 롬보lombo, 뱃살 부분인 바리가barriga, 꼬리 부분인 가우다gauda는 각각 다른 식감을 가지고 있다.

    리스본의 요리사들은 대구의 소금기를 빼는 데 많은 공을 들인다. 주방에서는 종종 토막 낸 대구를 허브 넣은 물이나 우유에 담가 소금기를 빼는 모습을 볼 수 있다. 셰프들에게 바칼라우의 레시피를 물으면 돌아오는 답은 언제나 할머니에게 혼나면서

최소한의 식사   **213**

배운 소금기 빼기의 노하우뿐이다.

바칼라우 백반뿐 아니라, 대구를 잘게 찢어 쌀이나 다진 감자와 함께 스튜로 만드는 다진 대구 요리 바칼라우 제스피아두 bacalhau desfiado도 한국인 입맛에 제격이다. 리스본에서는 새해 첫날 한국의 떡국처럼 바칼라우 제스피아두를 먹는다.

리스본의 또 다른 명물은 해산물 파테paté다. 프랑스에서 파테라고 하면 돼지고기를 염장해서 가공한 샤르퀴트리charcuterie를 떠올리지만, 포르투갈에서는 주로 대구, 새우, 홍합 등 해산물로 만든다. 그러니까 해산물 잼인 셈이다. 영어로는 페이스트라고 부른다. 리스본에서는 이 해산물 파테를 빵에 발라 먹거나 밥에 비벼서 먹는다. 프랑스 유학생들이 마트에서 병에 담아 파는 소시지와 콩 스튜 카술레cassoulet로 생존을 한다면 리스본에서는 새우 파테에 밥을 비벼 먹는 고학생의 이야기가 많은데, 살기 위해 먹는 식사치고는 제법 감칠맛 난다.

파두에는 악보가 없다

저녁이 되면 식당마다 파두Fado가 담장을 넘는다. 마치 노래가 끝나면 모두가 떠나버리기라도 할 듯이 파두 골목에는 밤새 노래가 끊이지 않는다.

테이블마다 저마다의 이야기와 서로 다른 음식들. 떠나는 사람과 기다리는 사람. 리스본의 뱃고동의 슬픈 A단조는 애잔하면서 부드럽다.

저녁이 되면 식당마다 파두가 담장을 넘는다. 마치 노래가 끝나면 모두가 떠나버리기라도 할 듯이 파두 골목에는 밤새 노래가 끊이지 않는다.

파두 골목의 주인공 파두는 리스본의 대중가요다. 파두 골목의 식당에서는 두 명의 기타 연주자와 두세 명의 파두 가수가 호흡을 맞추어 공연을 한다. 리스본의 음식과 파두의 선율 그리고 체리로 만든 술 진자jinja 한 잔은 악보 없이 전래되는 리스본만의 하모니다. 진자 외에도 비뉴 베르데vinho verde, 포트와인port wine도 좋은 반주가 된다. 따뜻한 환대의 음식, 애잔한 파두 곡조, 마음을 열어주는 한 잔의 술. 리스본에서는 모두가 이방인이지만 식탁의 기억은 다시 찾고 싶은 그리움으로 남는다.

낯선 시간의
식사

삼시 세끼를 시간에 맞추어 제때 밥을 먹는 일은 여간 행복한 일이 아니다. 하지만 식탁을 준비해야 하는 사람들이 제때 밥을 챙겨 먹기란 언감생심일 뿐이다. 삼시 세끼는커녕 이들의 식사는 보통 오후 3시쯤 먹는 스텝밀 한 끼가 전부다. 요리사의 '맛집'은 그 시간에 문을 연 집이라고 했던가! 밥시간이 일하는 시간인 사람들의 하루는 이른 시간부터 무척 분주하다. 특히 새벽의 시장통, 백열등 밑의 아우성이 가시면 주방에는 가장 분주한 시간이 찾아온다. 캐서롤 냄비casserole 안의 스톡stock이 끓는 소리, 도마를 치는 식칼들의 메타포, 먼지를 털어내고 접시를 준비하는 달그락거리는 소리. 그 난장亂場이 지나가고 손님들이 가득 들어차는 오더 타임은 차라리 조용한 안식이다.

낯선 식사시간을 가진 스페인

아침, 점심, 저녁. 이 세 단어는 우리에게 일정한 시간을 의미하는 단어라기보다 식사의 시간으로 인식된다. 하지만 어디에

세나Cena 시간의 핀초스 바. 밤 열 시가 되어서야 스페인의 저녁식사Cena가 시작된다. 늦은 식사가 끝나면 바로 잠자리에 든다.

타파스 폴포Pulpo(위)와 굴라스Gulas(아래)

서나 보편적일 것 같은 이 식사시간에 대한 인식이 스페인 이베리아 반도에서는 통용되지 않는다.

스페인에서의 식사시간은 오전 7시쯤 출근길 카페에서 아침desayuna을 즐기는 사람들로 시작된다. 그리고 아침과 점심 사이에 우리의 '아점almurzo'과 비슷한 식사시간을 갖는다. 차이가 있다면 우리는 아침과 점심을 합쳐 간소하게 '아점'을 즐기는 반면, 이들은 아침도 먹고 점심도 먹고 그 사이에 아점도 먹는다. 스페인에서 점심comida은 오후 3시에 시작된다. 한국에서의 일상대로 점심시간에 식당을 찾다간 낭패를 보게 된다. 그리고 또 두어 시간 뒤 간식merienda으로 타파스, 크로켓, 토르티야 같은 것들을 먹는다. 저녁cena은 밤 10시가 돼서야 시작되는데, 상그리아와 와인으로 하여금 중추신경을 느슨하게 해서 좀 더 먹을 수 있도록 허락한다.

작은 접시 위에 놓이는 간단한 음식 타파스

바스크 지역에서는 작은 접시에 담은 타파스를 '핀초스'라고 부른다. 스페인은 각 지방마다 색이 강하고 언어도 다르듯 같은 재료의 음식도 지역에 따라 맛이 다르다. 우리와 기후가 비슷한 카탈루냐(바르셀로나), 바스크(산세바스티안) 지역은 한국인 입맛에 제격인 반면, 세비아와 그라나다의 음식은 한국인에게는 다소 기름지고 짜게 느껴지는 경향이 있다. 핀초스(타파스)는 주로

최소한의 식사

선지 순대와 이베리코 하몽. 우리나라의 순대와 맛이 비슷하다.

맥주나 상그리아와 함께 먹는다. 과실로 담은 시원한 상그리아 한 잔은 낯선 장소, 낯선 시간에 놓인 이방인을 부드럽게 녹이고, 놓인 시간 속으로 부담없이 들어갈 수 있게 도와준다.

시장의
음식들

피레네산맥의 재래장터, 에스팔리옹 마르셰

강원도 정선의 오일장만큼 한국적인 것이 있을까. 경복궁이나 북촌 한옥마을도 한국적이지만 재래장터는 가장 서정적이며 우리 삶의 본디 타고난 모습을 잘 보여준다.

프랑스의 강원도, 미디피레네라는 지역 한가운데에 있는 에스팔리옹 마을에서는 매주 화요일과 금요일에 로Lot강을 따라 두 번 장이 선다. 특히 에스팔리옹 마르셰Marché à Espalion는 프랑스뿐 아니라 유럽 전역에서 유명한 재래시장이다. 피레네산맥이 자랑하는 마늘, 양파를 비롯해 다양한 육가공 샤르퀴트리가 지역을 대표해서 가판에 놓여 있다. 재래시장답게 가판에서 팔고 있는 먹거리를 즐기는 재미가 쏠쏠하다. 또 농사일에 편한 몸뻬 바지가 관광객들에게 인기가 높아 너도나도 찾는 이색적인 풍경도 볼 수 있다. 에스팔리옹 사람들의 친절함에서 시골 인심을 느끼며 잠시 한눈을 팔고 시장을 두리번거리고 있으면 지나가던 에스팔리옹 할머니의 피레네 지방 사투리를 뒤집어쓰기도 한다. 그래도 수더분하기까지 한 정을 느낄 수 있어 오히려 좋다. 에스팔리옹에서

프랑스 미디피레네주Midi-Pyrénées의 에스팔리옹Espalion은 산티아고 순례길에 있는 중세 마을이다.
오랜 역사를 품은 만큼 사람들의 호흡은 길고 여유롭다.

에스팔리옹 마르셰(에스팔리옹 시장). 화요일과 금요일 오전 아홉 시에 장이 선다. 화요일에는 지역 특산품이 주를 이루는 작은 장이 선다. 금요일 장은 재래시장의 진면목을 보여준다. 폐장은 낮 열두 시다.

는 '잠수부'라는 뜻을 가진 '스카퐁팔리에'라는 단어를 알아두면 좋다. 세계 최초의 잠수부가 이 마을 출신이라는 굉장한 자부심을 가지고 있기 때문이다. 스카퐁팔리에를 모르면 마을 사람들로부터 끊임없이 잠수부의 역사에 대한 강의를 듣게 되니 차라리 아는 척하는 것이 이롭다.

피레네산맥의 땅이 품은 자색 마을

에스팔리옹 장터에서 가장 인기가 높은 상품은 카도로

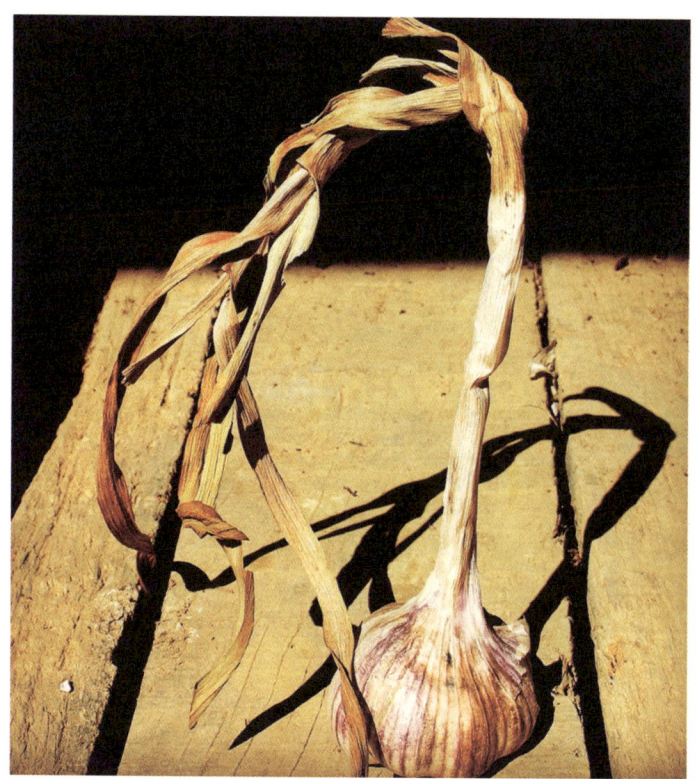

미디피레네 카도르산 자색 마늘 L'AiL violet de Cadours. 카도르는 유럽 최고 품질의 마늘 생산지로 유명하다. 프랑스의 지리적 표시제 A.O.P.를 취득했다.

피레네산맥의 파스카드는 강원도의 메밀전병과 비슷하다. 시장의 음식들은 오래 기억에 남는다.

Cadours 마을의 자색마늘 l'ail violet이다. 자색마늘은 피레네의 땅을 가장 잘 표현한 작물로 씨알도 크거니와 알싸한 향기는 어느 곳의 마늘에도 뒤지지 않는다.

미디피레네 카도르산 자색 마늘 l'aiL violet de Cadours. 카도르는 유럽 최고 품질의 마늘 생산지로 유명하다. 프랑스의 지리적 표시제 A.O.P.를 취득했다. 자색 마늘은 분명 향신료이지만 허기를 채우기에도 부족함이 없다. 마치 막 시작된 연인들 같은 알싸함과 눈빛만으로도 대화가 가능한 오래된 연인들의 편안함을 모두 가지고 있다. 익숙하지만 지루하지 않은 맛이다. 마늘 가판대 옆에는 프랑스인들이 가장 아끼는 채소인 조그만 적양파 샬롯 shallot이 있다. 한국인의 체취가 마늘과 고추에서 온다면 프랑스인의 체취는 타임과 샬롯에서 비롯된다고 해도 과언이 아니다. 알싸한 마늘 향과 들큼한 양파 향은 이곳 음식의 밑간을 짐작하게 한다.

아베롱식 밀 전병, 파스카드

피레네산맥의 밀가루와 계란으로 만드는 전병 파스카드 Pascades는 에스팔리옹 특산품이자 백미 먹거리다. 아베롱의 크레프 les crêpe de l'Aveyon, 혹은 아베롱식 파스카드 Les Pascades aveyonnaises라고 부르며, 파리지엔에게는 피레네의 향수를 한껏 느끼게 해준다고 한다. 까실까실한 식감은 강원도 메밀전병이 절로 생각나게 하고, 맛 또한 제법 기미가 있다. 파스카드는 피레네산맥의 땅이 선사하는 별미다.

피레네의 식사에는 땅의 향기가 가득하다. 능선의 볕을 머금은 버섯과 아스파라거스가 주는 담백함은 골짜기의 사람들 손에서 즐거운 리듬으로 풀려나간다. 피레네의 아스파라거스는 굵기가 상당해 겉은 아삭하면서도 속은 부드러워 조리하기 안성맞춤이다. 특히 피레네의 흰색 아스파라거스는 소고기 맛이 난다.

시장은 땅과 삶을 이어주는 가교

시장에서 살아가는 일은 농부와 요리사가 만나고, 땅과 삶이 쉴 새 없이 교차하는 이야기로 잉태된다. 샤르퀴트리charcuterie 고기가게, 블랑주리boulangerie 빵가게, 푸아소너리poissonnerie 생선가게에서는 목청 높여 호객을 하고, 장바구니에는 땅과 바다가 담겨 주방으로 향한다. 아무렇지도 않은 그들의 이야기가 모여 역사가 되고 문화가 만들어진다. 더욱이 요리사에게는 이런 시장이 언어를 배우는 학교다. 재료는 낱말이고 레시피는 문장이다. 그들은 삶에서 길어 올린 문장들을 엮어 식탁 위에 한 편의 드라마를 올린다.

리옹의 정육점. 지역의 시장은 미식 재료의 보고다.

시골 시장에서 만나는 프랑스 미식 재료

게랑드 소금Fleur de Sel de Guérande으로 마리네이드marinade해서 자작하게 구운 뒤 뚜껑을 덮어 육즙으로 졸이는 브레스 지역의 닭 요리Volaille de Bresse는 감히 육질의 제왕이라 불릴 만하다. 제철의 송로버섯truffle을 넣고 치즈와 달걀을 부드럽게 오븐으로 조리하는 수플레soufflé요리는 입에서 녹아 사라지는 식감 뒤 날숨으로 다시 되뇌어지는 송로 향이 벼락 치는 듯한 전율을 불러온다.

최소한의 식사 **231**

부르고뉴 정육점 부슈리에 걸린 고기 가격표. 부르고뉴의 고기 요리는 한 부위에 치우치지 않고 다양한 부위를 사용한다.

푸아그라foie gras를 다져 만든 고소하고 부드러운 파테paté는 잘 구워진 바게트의 연한 속살 사이로 물들이듯 스며든다. 바게트의 바삭한 부분이 살짝 들리면 그 사이로 잘 다져진 소스가 촉촉이 배어든다. 미식가 스티븐 젠킨스가 고통스러울 정도로 맛있다고 표현한 샹파뉴 지역의 랑그르 치즈langres에 군고구마 향으로 무장한 잘 익은 샴페인으로 소테sauté하면 오래된 이야기를 머금은 풍미가 식탁을 압도한다.

미식의 정수라 불릴 만한 이 요리들은 재료의 이름을 나열하는 것만으로도 식감을 자극한다. 만약 이들 식재료로 만든 음식을 먹어본 경험이 있다면, 이름을 듣는 순간 반사적으로 눈을 감고 미감이 이끄는 깊은 상념에 잠기게 될 것이다.

미식의 출발점, 전문 식료품점들

빵집 블랑주리boulangerie, 제과점 파티스리pâtisserie, 치즈가게 프로마주리fromagerie, 생선가게 푸아소너리poissonnerie, 정육점 부슈리boucherie, 햄과 소시지 같은 가공육을 만들어 파는 샤르퀴트리charcuterie, 청과점 프루트리fruiterie, 향신료 집 에피스리épicerie, 크레이프 전문점 크레프리crêperie.

프랑스의 시장도 카르푸carrefour, 모노프리monoprix, 프랑프리

franprix처럼 각종 가공식품과 신선식품을 모두 구비해서 편리함을 도모하는 대형마트가 유행이지만, 그 사이에서 가업을 이어가며 수백 년의 노하우로 맛을 권하는 전문 식료품점들이 있다. 이러한 식료품 전문점들은 지역의 가까운 곳에서 얻은 재료나 제철의 신선한 재료를 구비하고 있을 뿐만 아니라 오랜 노하우로 만드는 반제품들이 일품이다. 잼이나 견과류 오일에서부터 바로 먹을 수 있는 라타투이, 소시송에 이르기까지 손맛이 배어 있는 반가공 식재료들이 즐비하다.

가업으로 이어진, 아무렇지도 않은 재료들

미식문화에 대한 관심이 늘어나며 미식을 즐기는 관전 포인트도 조리에서 식재료로 옮겨가고 있다. 제철의 재료는 물론이고 유기농이니 넌 지엠오non-GMO니 하는 단어들이 식탁의 가치를 저울질한다. 최근 유럽에서는 유기농 상품과 더불어 얼룸 재료heirloom가 각광받고 있다. 얼룸 재료는 몇 세기 동안 이어져 내려와 고유의 맛과 향을 가진 재료들, 그리고 몇 대에 걸쳐 전통으로 이어진 방법으로 재배된 재료를 말한다. 이제는 인위적으로 무엇을 더하던 시대가 지나고 인위적으로 무엇을 빼는 시대가 되었다. 먹는 일에 있어서도 소위 디톡스라고 하는 빼기의 원칙이 유행하고 있지만 가감 없이 늘 그대로였던 원래의 재료들은 제 맛으로, 다

시 건강한 맛으로 새로운 파도를 일으키고 있다.

　　요리사에게 재료의 선택은 요리의 시작이다. 장을 보며 신선한 재료를 고르는 일로부터 조리가 시작된다. 수많은 소리들이 뒤섞여 어수선한 새벽시장, 백열등 불빛 밑의 채소며 생선이며 청과들은 요리사에게 모두가 하나의 음표다. 그날의 메뉴 리스트는 오선지가 되어 음표들이 제자리에 놓이기를 기다린다. 신선한 재료에 칼을 대고 서걱, 토막을 내면 오래된 이야기들이 각자의 맛과 향으로, 그리고 물기를 잔뜩 머금은 과육으로 뛰쳐나온다. 재료들은 마치 메트로놈처럼 주방의 연주를 지휘한다. 프랑스 마을의 오래된 식료품점에 있는 식재료들은 정해진 악보대로 연주하듯 미리 계측을 하고 조리할 수 없다. 뚜껑을 열어야 비로소 음표가 쏟아져 나오는 즉흥곡과도 같다. 별다르지도 않고 대단하지도 않지만 오랜 시간이 전하는 편안한 템포의 즉흥곡이다.

숙면을 위한
역설

프랑스의 아메리카노, 카페 알롱제

프랑스의 각 지역은 다양한 맛과 향으로 복잡하게 연결되어 있다. 미각과 후각을 도서관처럼 정리해서 분류하는 셰프들에게도 변화무쌍한 프랑스 감각을 상대하기란 쉽지 않다.
"Un café allongé, S'il vous plaît 연한 커피 한 잔 부탁합니다."
이 주문은 감각의 휴식을 위한 선언문이다. 에수프레소는 자극이 강하고, 카페오레는 그 지역 우유의 리듬감에 과하게 몰입하게 된다. 미감의 휴식을 위해서는 딱 1유로(약 1,340원) 정도의 카페 알롱제가 적당하다.

프랑스의 카페 알롱제는 이탈리아에서 카페 '룽고'라 부른다. 에수프레소에 뜨거운 물을 타서 만드는 아메리카노와 달리 카페 알롱제는 더 많은 물을 통해 커피를 좀 더 긴 시간 추출한 커피다. 영미권에서는 롱 블랙이라고 부른다.

남프랑스 코트다쥐르Côte d'Azur(쪽빛 언덕)의 카페. 커피가 위 속으로 떨어지면 모든 것이 술렁이기 시작한다. 생각은 즉시 떠오르고 원고지는 잉크로 덮인다.

새로운 맛의 첫 경험은 언제나 큰 파장을 일으킨다

프랑스 파리에 처음 커피가 입성한 것은 1669년, 지중해 최대의 항구도시 마르세유를 통해서다. 한 토마토 수입상이 식용으로 금지되었던 토마토를 수많은 사람들이 모인 광장에서 먹어 논란이 된 일화가 있듯 설탕과 초콜릿의 원료인 카카오도 수많은 논쟁을 불러일으켰다. 커피 또한 교회에서 악마의 열매로 규정하여 금지하는 등 우여곡절이 있었다. 그럼에도 불구하고 파리의 오스만 제국 외교관 아파트에서는 프랑스 정치인들이 모여 연일 커피를 우려 마셨고, 결국 커피는 유럽 문화의 중심으로 자리잡게 됐다.

19세기 초 파리는 시민혁명 시대의 중심점이었다. 1821년 나폴레옹이 서거한 해, 혁명이 태동하고 정치 사회와 문학, 예술이 인간을 바라보며 충돌했다. 세상은 재탄생하고 있었다. 이 시기에 파리 지식인들 사이에서 가장 첨예한 논쟁거리는 놀랍게도 '커피를 어떻게 우려야 하는가?'였다. 나폴레옹이 유배로 죽음을 맞이한 세인트헬레나섬은 지금도 아라비카 커피 재배지로도 유명하다. 나폴레옹은 "이곳에서 얻을 수 있는 것은 커피뿐이다."고 말했을 정도로 그는 커피에 의존해 생을 마감했다. 커피를 놓고 카페에 둘러앉아 시민혁명을 논한 파리의 부르주아. 커피 잔에 독립의 의지를 담아 결의를 다진 식민지의 지식인들. 근대의 역사는

프로방스 도시 아를의 카페 드 뉘 Café de Nuit

'야행성 방랑자들은 머무를 돈이 없거나 너무 술에 취하면 이곳을 피난처로 삼는다.' 고흐의 그림 속 배경인 Café de Care(역전다방)는 1888년 당시 24시간 영업을 했다.

지중해 앙티브의 카페 프로방샬. 커피는 한 양치기에 의해서 발견되었다. 그는 양 떼가 커피 열매를 뜯어 먹은 후 언제나 기이한 흥분과 환희의 상태를 보이는 것을 알았다. 커피를 먹기 전 우리는 잠에서 덜 깬 한 마리의 멍한 양에 지나지 않는다.

논쟁의 자리에 있어 커피는 알코올의 유일한 대안이다. 중세 교회는 커피를 악마의 열매로 규정했었지만 커피와 카페 문화는 인본주의 토론과 프랑스 혁명의 구심점이자 가장 강력한 무기였고, 교회가 우려한 그 일은 결국 커피에 의해 일어났다.

그렇게 커피 위에 쓰이고 있었다. 저서 『미식 예찬』을 통해 프랑스 미식을 집대성한 브리야 샤바랭은 "그해 프랑스에서 가장 첨예한 논쟁은 커피를 우리는 방법이었다. 이는 정부 수뇌부가 커피를 많이 마시기 때문이기도 했다. 최고의 요리사들로부터 찬물에 우리거나 압력을 가하는 등 다양한 방법이 제안되었다. 모든 방법을 시험해본 결과 '뒤벨루어 방식à la Dubelloy, 거름망에 커피를 넣고 물을 붓는 방식'이 가장 좋았다."라고 당시의 논쟁을 기술했다.

인본주의 혁명의 요람, 파리의 카페

1686년 파리에 한 웨이터의 이름을 딴 첫 커피 전문점 '카페 프로코프Café Procope'가 오픈한다. 그는 파리 최초의 바리스타인 셈이다. 이 카페는 술의 대안을 찾던 지식인들의 살롱이 되었고, 특히 디드로, 볼테르, 나폴레옹이 단골이었다. 이후, 프로코프의 성공에 고무된 파리지엔들이 카페를 열기 시작했으며, 카페 마고Café duex Magots, 카페 플로르Café de Flore에는 사상가, 예술가들의 발길이 이어졌다.

파리의 오래된 카페에 앉아 당대의 지식인들의 논쟁을 유추하는 것은 커피 향만큼이나 짙은 상념을 불러일으킨다. 18세기 고전 요리에 대한 반발로 시작된 누벨 퀴진nouvelle cuisine, new cuisine의

카페 드 플로르Café de Flore. 파리의 카페 안에서는 명사들의 토론이 끊이지 않았다.

아비뇽의 로스팅 하우스. 생 커피를 달인 물은 하찮은 음료에 불과하다. 그러나 커피가 탄화炭化되면 향이 풍부해지고, 우리가 마시는 것과 같은 커피의 특징인 지방을 형성한다.

논쟁도 당대의 요리사들이 카페에 앉아 조리법을 담금질했으리라.

프로방스의 카페들은 예술가들의 은신처이자 작품의 소재가 되었고, 고흐의 유명한 그림 속 「밤의 카페Café de Nuit」 또한 세상에 상처 입은 예술가들에게 안식과 영감을 주었다. 그림 속 버려진 테이블은 고흐 자신을, 흩어져 있는 의자들은 사람들의 무관심을 표현했다. 사흘 동안 한자리에 앉아 커피만 마시며 그림을 완성한 그에게서 커피의 아린 맛이 느껴진다. 두 달 뒤, 폴 고갱은 같은 자리에 앉아 같은 그림을 그렸다.

커피를 볶는 일련은 한 편의 요리다.

프랑스의 외교관이자 작가인 탈레랑1754~1838은 커피에 대해 이렇게 말했다. "악마같이 검으나 천사같이 순수하고, 지옥같이 뜨거우나 키스처럼 달콤하다."

미식의 나라 프랑스인들은 결국 커피를 카페에서 끌어내 식사의 일부로 편성했다. 커피는 식사에 맞춰 부드럽게 만들어지기 시작했고, 바게트와 크루아상도 커피 곁에 놓이도록 식감이 변하기 시작한다.

유럽의 의사들이 아침식사에 먹는 커피에 우유를 타 먹기를 권하면서 커피는 매우 부드러워졌다. 그리고 루이 16세는 값비싼 설탕을 커피에 넣기 시작했으며, 디저트를 위한 커피에는 코냑이 첨가되어 향을 올리게 되는 등 식탁 위에서 커피는 점점 다양하게 진화하게 된다. 어떤 원두를 선택하는가는 마치 식재료를 고를 때와 같은 신중함을 불러온다. 로스팅의 과정은 그 굽기에 따라 산도와 풍미가 결정된다. 커피를 우리는 방법은 조리법만큼이나 다양하고 미세한 손끝의 맛을 요구한다. 커피 한 잔을 우리는 과정은 식사 한 그릇을 짓는 과정과도 닮았다. 식탁 위에 오른 잘 만들어진 커피는 그날 식사의 모든 음식의 향과 맛을 갈무리한다.

시장이 열리기 전 이른 아침, 파리 길모퉁이의 카페테라스에서 마시는 뜨거운 카페 알롱제. 따뜻한 물로 데운 커피 잔은 수많은 상념에 잠기기 적당한 온도고, 그 속의 찰랑이는 커피에 어제의 복잡한 기억들이 천천히 녹는다.

옥스퍼드에 위치한 영국 최초의 커피하우스(1651년). 인도네시아 만델링과 케냐 AA가 유명하다.
'커피로 인한 불면증은 고통스럽지 않다. 못 자는 것이 아니라 자고 싶지 않은 것이기 때문이다. 그것이 전부다. 이때의 불면증은 다른 많은 원인들 때문에 일어났을 경우처럼 동요하거나 슬퍼하지 않는다.' _「미식 예찬」, 브리야 샤바랭

최소한의 식사

조식,
이불을 개지 않을 권리

조식, 여행지의 로망 위에 올라간 작은 덤

 길이 멀수록 도착하는 시간은 늦어진다. 숙소의 낯섦 속에서도 여독은 몸에 대한 우직한 충심으로 단잠을 재촉한다. 아침의 소리. 창밖에서 들려오는 소리는 낯선 사이렌 소리와 각양각색의 언어들이 뒤섞여 있는 도시의 러시아워이거나 처음 들어보는 아침을 여는 새소리일 수도 있다.
 침대에서 몸만 빠져나와 마주한 조식은 끼니라기보다는 바뀐 환경을 확인하고 즐기는 첫 의식이다. 공간은 선형적으로 펼쳐져 있어 여행한 거리만큼 떨어져 있지만 시간은 매일을 순환하기에 아침이면 그대로 제자리에 돌아와 있다. 멀리 떨어진 공간과 다시 돌아온 시간 사이를 메워주는 것이 여행지 문화와의 첫 조우, 조식이다.

스페인과 포르투갈의 국경 마을 푼다웅fundaõ에서의 조식. 아직까지 귀족 모자가 살고 있는 이곳 고성의 조식은 무화과 정원을 산책한 후에 시작된다.

가벼운 조식 차림

크루아상과 카페 알롱제, 파리지엔의 아침 식사 프티 데주네

지역마다 가장 편안한 메뉴로 조식을 구성한다. 프랑스에서는 프랑스의 파이인 퀴시와 빵이, 스페인에서는 스페인을 대표하는 오믈렛 토르티야, 영국에서는 베이컨과 계란, 헤시 브라운, 독일에서는 그 유명한 햄과 소시지가 바쁜 아침을 든든히 책임진다. 모든 영양소를 눌러 만든 시리얼과 아침의 우유 한 잔은 누군가의 노랫말처럼 농사꾼의 고봉밥을 대신해 한국의 대표적인 아침식사가 되었다.

크루아상croissant과 카페 알롱제café allonge. 크루아상은 버터와 커피의 향을 물들이기에 딱 알맞은 도화지다.

프랑스인에게 크루아상이 사랑받는 이유는 층층이 쌓인 페이스트리 속살이 버터를 부드럽게 머금기 때문이다. 갓 구워진 따뜻한 크루아상과 고소한 버터, 그리고 거기에 향을 더하는 프렌치 프레스 커피 한 잔을 사랑하지 않는 프랑스인은 없을 것이다.

크루아상의 부드러운 속살이 버터를 머금고 커피 한 잔의 향기가 채워지면 가장 프랑스 다운 아침 프티 데주네가 차려진다.

부르고뉴 코트 드 뉘의 조식. 잠에서 덜 깬 이들이 마주 앉은 이상 이야기의 주제는 편안할 수밖에 없다.

이불을 개지 않을 권리

　　숙소를 선택할 때 조식에 대한 부분을 무심코 흘리는 경우가 많다. 여행의 경비는 좀 더 짜임새 있는 즐거움으로 편성되어야 한다고 여겨지기 때문이다. 그러나 조식은 가장 편안하면서도 지역을 대표하는 식단이다. 그렇기에 여행자에게 가심비가 좋다. 조식의 상차림 준비는 동이 트기 전부터 시작된다. 간략해야 하는 준비이기에 복잡한 수사와 형용은 모두 제거된다. 런치가 힙한 공

일부의 일정은 조식의 대화를 통해 알게 되는 장소를 위해 비워두는 것이 좋다. 집주인이 이방인에게 오늘 그곳에 갈 것인지를 굳이 묻는다면 가보는 것이 득이다.

간과 트렌디한 캐주얼이고, 디너가 품격을 유지해야 하는 화려한 드레스라면, 조식은 가장 편한 천 하나를 걸친 가식 없는 자리다. 미식의 경험에 있어 조식은 그날 걷는 데 필요한 에너지원 이상의 의미가 있다.

최소한의 식사   **255**

모닝커피는 대화를 한정한다

이 공간에서의 대화는 은근한 밀도를 가진다. 잠이 덜 깬 정신이 허용한 데까지가 대화의 내용이다. 현실의 복잡함은 주제가 되지 못한다. 조식은 잠이 덜 깬 사람들의 평범한 대화 공간이다. 서로가 온 곳과 서로가 갈 곳의 이야기가 띄엄띄엄 놓인다. 서로를 침범하지 않는 게으름의 대화. 게다가 대화가 맘에 들지 않는다면 조용히 커피 한 모금을 마시면 된다.

물설음

타지에서 물설음을 극복하는 방법

파리지엔 로익과 그의 아내, 이 두 사람은 오랜만에 서울에 들어와 예전에 그가 일했던 삼청동의 '르꼬숑' 프랑스 식당을 다시 찾았다. 로익의 아내는 '대구지엔'. 대구 태생이다. 현재 로익과 파리에 살고 있는 그녀. 처음 파리에서 2년 만에 프랑스어 말문이 트였을 때, 집 앞 카페에 달려가 불친절했던 주인에게 그동안 억울했던 감정을 모질게 쏟아붙였다고 한다.

그날 그녀가 느꼈던 감정은 마치 한 잔의 차가운 사이다를 시원하게 들이켜는 기분이었을 것 같다. 파리지엔 로익은 이런 그녀를 대구에서 만났다. 로익이 르꼬숑에서 일할 때 즐겨 먹던 라클레트 치즈 한 조각을 건넸다. 몇 년의 그리운 향수가 그의 눈시울을 적셨다.

"갓 샌드 유 god send you." 로익과는 달리 그녀의 표정에서 프랑스에서 얼마나 물설음에 힘들었을까를 직감했다. 두 해가 지난 오늘, 식사 중 그들 기억 속의 그녀에게 안부를 묻는다.

물은 목마르지 않을 인간의 기본적인 권리에 대한 유일한 해결책이다. 누구나 물을 마시지만 습관적으로 물을 즐기는 사람은 유독 물의 맛이 주는 작은 차이에 민감하다. 자칭 프랑스 미식가 군단에서 독보적인 존재라고 주장한 알렉산드르 뒤마는 평생 와인을 한 방울도 입에 대지 않았다.

> 오십 평생 나는 물만 마셨다. 내가 오염되지 않은 시원한 샘물 한 잔을 마실 때 느끼는 기쁨을 어떤 와인 애호가가 그랑 라피드나 샹베르탱을 마시면서 느낄 수 있을까?
>
> _『요리 대백과』, 알렉산드르 뒤마, 1837

분홍빛으로 호수에 낙조가 물드는 물의 마을 에비앙

물의 마을 에비앙. 에비앙은 스위스와 국경지역 레만 호숫가에 위치한 프랑스의 도시다. 1878년 '카샤의 물 Source Cachat'이라는 이름으로 첫선을 보인 에비앙 지하수는 세계 최초로 상품화된 물이다. 에비앙 생수병에는 분홍색으로 산이 그려져 있다. 그 수원지가 인근 레만호의 담수가 아니라 알프스 산맥의 만년설임을 강조하기 위해 일부러 알프스 산을 그려 넣었다. 그러나 석양이 분홍색으로 레만호를 물들이면 그들의 은유와 낙조의 색이 주는 직관이 애매하게 충돌하고 만다. 에비앙은 유럽 전역에서 한국인

파리지엔 로익, 그의 아내는 대구 사람이다. 파리지엔이 되기 위해 그녀가 극복해야 했던 것은 언어의 낯설음보다도 폐부를 불편하게 하는 물설음이었다. 낯설음은 외로움이지만 물설음은 서러움이다.

프로방스 앙티브 시장의 드래프트 워터. 물에 있어서는 지역마다의 특색이 마냥 반갑지만은 않다. 프랑스어로 'EAU'는 물이라는 뜻이다.

물의 마을 에비앙은 스위스와의 국경 레만 호숫가에 자리잡고 있다.

에비앙 샘물의 수원지. 마을 사람들은 저마다 물통을 들고 와 이곳에서 물을 길어 간다.

에게 가장 호의적인 곳 중 하나로, 이곳이 유명한 또 다른 이유는 에비앙 마스터스 골프대회 때문이다. 한국 여자 골프선수들이 연이어 우승을 하는 바람에 이곳에서는 한국이 프랑스 다음으로 유명한 국가가 되었다. 그래서인지 에비앙의 물맛도 타지의 물치고 우리에게 많이 익숙하다.

이 마을의 중심에 있는 수원지에는 마을 사람들뿐 아니라 인근 음식점에서도 물통을 들고 와 물을 길어 간다. 더구나 수압이 어지간히 좋아 물을 받는 데도 오랜 시간이 걸리지 않는다. 수원지에서 나오는 물은 공짜이니 사실 기다림이 길다 해도 하소연

할 수도 없다.

세계적인 광천수의 도시 비시

프랑스의 물 중 가장 유명한 것은 사실 에비앙이 아니라 오베르뉴 주의 도시 비시Vichy의 광천수다. 온천으로도 유명한 비시는 공중 수돗가에서 다양한 광천수를 맛볼 수 있는데, 수도꼭지마다 함유된 미네랄들과 물의 온도가 친절하게 적혀 있다. 유럽의 여느 온천이 그러하듯 온천탕의 온도는 우리에게 무척 밋밋하다. 여독을 풀고자 온천을 찾은 한국인의 표정은 한결같다. "이게 아닌데."

그래도 온천 후 마시는 차가운 광천수는 온도도 알맞은 데다 비시 광천수의 알싸함이 손끝까지 파고든다.

프랑스에는 우리와는 다르게 먹는 샘물에 대한 다양성이 있다. 미네랄워터mineral water는 탄산수sparkling water와 맹물still water 모두를 아우르는 말이다. 일반적으로 레스토랑에서는 스파클링 워터와 스틸 워터를 모두 구비하고 있는데, 그냥 미네랄워터라고 주문하면 국가와 지역에 따라 내오는 물이 달라진다. 일반적으로 파리에서는 맹물을 받게 되고, 스위스 지역에서는 스파클링 워터를 받게 된다. 때문에 물을 주문할 때 특별히 유의해야 한다. 탄산이

프랑스 오베르뉴주의 온천 도시 비시의 공공 음수대. 수도꼭지마다 물의 온도와 광물질의 함량이 다르다.

없는 물을 원한다면 '스틸still'이라고 말하면 된다. 언어가 서툴다면 웨이터와 손님 모두 어쩔 줄 몰라 하며 이미 뚜껑이 열린 물병과 서로의 얼굴을 난감하게 쳐다보게 될 것이다.

물 한 잔의 편안, 그 소중함에 대하여

낯섦은 외로움이지만 물설음은 서러움이다. 타지의 물은 온도도 그러하거니와 함유된 전해질이 만든 산도pH 등이 달라서 우리의 항상성에 많은 위협이 될 수도 있다. 그간 유지해온 생명의 근간이 낯선 물에 대해 외부의 위협으로 감지하기 때문이다. 해갈에 필요한 물의 양은 그리 많지 않다. 갈증을 해소하기 위해서라면 물 한 잔을 천천히 조금씩 마시는 것이 효과적이고, 열이 있거나 피곤할 때에는 찬물을 들이켜는 것보다 따뜻한 물이 더 좋고 위에도 부담이 없다.

기술을
기술하는
기술

〈기술을 기술하는 기술〉은 미감味感이 미감美感으로 전환되는 과정을 이야기한다. 맛의 감각인 미감味感은 미술과 문학과 음악 등 예술이 주는 미감美感에 도전해왔다. 생존에 있어 가장 기본적인 '먹는 일'이 아름다움의 영역으로 진입해가는 이야기이다.

기술을 기술하는 기술

언어가 끝나는 곳에서 시작되는 언어들이 있다. 시각, 청각, 미각 등 감각들은 수용체로 느껴진 뒤 텍스트로 전환되어 이해되고 기억된다. 예술가에게 음표와 색은 감각을 이끌어내는 단어처럼 사용된다. 각자의 특별한 단어들로 조형된 이미지는 그들 삶의 속사정을 써내려간다. 개인적인 진실을 담은 작업실의 이야기들이 화폭과 원고지와 오선지 위에 펼쳐진다.

    요리사는 '맛'이라는 언어를 통해 인식의 넓이를 만들고 다양한 조리법으로 표현의 깊이를 추구한다. 또 개인적인 경험을 바탕으로 한 상상은 감각을 확장하고 자신만의 이야기를 서정적으로 전한다. 그러기에 미감도 오감五感의 하나이지만 안타깝게도 사람들은 그것을 통해 이야기를 전달하는 작업을 예술의 분야로 분류하지는 않는다. 맛이 생존의 필수요소인 의, 식, 주 그중에서도 하루 세끼의 빈도가 있는 너무나도 가까운 감각이기 때문이다. 또한 거기에는 조리가 반복적인 기술의 영역이라는 인식도 한몫한다. 우리는 식탁에 앉을 때 미술관이나 음악당에서처럼 감정의 동화를 위한 마음의 준비를 하지는 않는다. 그러나 맛이라는 것은 분명 입에서 느껴지는 미감과 위장에 주는 포만감 이상의 이야기를 우리에게 전한다. 한 접시의 요리는 먹기 좋게 보인다는 정도를 넘어 분명 정서를 건드린다. 때문에 그 감정이 명확하지는 않지만 기억 속에 머무를 수 있도록 조각되기 위해서는 감각을 기억의 기저까지 내려 구조화하고, 먹는 사람의 내면에 존재하는 인식과 결합시키는 기술이 필요하다.

기술technique은 사물을 잘 다룰 수 있는 방법이나 능력을 말한다. 조리라는 기술은 자연이 선물한 재료들을 먹을 수 있게 변형한다. 이는 시간을 통해 축적한 레시피에 기대어 보편적 기호에 맞는 맛을 이끌어내는 과정이다. 요리사는 재료라는 단어들을 적절히 배치해 새로운 맛의 문장을 기술description한다. 접시에 담긴 완성된 음식이 어떤 이야기를 전하게 할 것인가는 마치 재료들로 문장을 만드는 것처럼 기술技術을 기술記述하는 기술奇術이 필요하다. 사물을 기술記述하는 것은 주관적이며 객관적이어야 하고 또한 조직적이어야 한다. 새로운 감각을 수용하는 것은 과거의 기억과 엉겨 새로운 감정을 만들어낸다. 그러므로 단어를 나열해 이해 할 수 있는 정도로 뜻을 전달하는 것을 넘어서기 위해서는 뉘앙스를 가진 작문과 그 행간의 플롯들이 중요하다. 이러한 기술art들이 동원되어 한 권의 책처럼 코스가 만들어진다. 기술technique을 기술description하는 기술art 은 기술mentioned한 것과 같이 씹고 맛보는 행위를 정서적인 감정으로 변모시킨다. 여러 감각을 통해 받아들여진 맛의 정서는 언어로 치환되고 기억된다. 우리는 그것을 통해 과거의 추억을 회상하기도 하고 현재의 시간을 기억하기도 한다.

미감과
미감

음식의 본질은 맛에 있다. 그러나 음식 또한 형태를 가지고 있기에 가장 먼저 눈으로 그 이미지를 느끼게 되어 미감味感이 미감美感으로 전환된다. 시각은 메뉴가 담고 있는 스토리를 전달하는데 가장 유용한 감각이다. 맛을 보기 전 눈에 읽히는 이미지들은 직접적으로 의미를 만들어내고 이후의 감각들에 영향을 미친다. 그러나 역설적으로 그림이 주는 시각적인 감정을 맛을 통해 접시로 옮기는 데 있어 가장 난해한 부분이 '시각'이 주는 직관성이다. 이러한 시각의 직관성 때문에 문장이나 음악, 또는 다른 감각을 맛으로 표현하는 것보다 오히려 더 큰 어려움이 있다. 전달의 편리함에 치중하게 되면 자칫 플레이팅을 이용해 단순하게 이미지만을 옮겨오는 작업이 되어버리기 쉽기 때문이다.

화가가 캔버스에 그린 것은 사물의 형상 자체가 아니라 그것이 내포하고 있는 여러 감정들이다. 폴 세잔은 사과의 단단한 느낌과 식탁보의 부드러운 느낌을 선과 색을 통해 표현한다. 색동실을 닮은 프로방스산 사과는 특별한 구도로 인해 세잔과 에밀 졸라의 학창시절로 우리를 안내한다. 누구나 사과에 얽힌 에피소드가 있겠지만 세잔의 사과만이 특별한 의미를 가지고 파리와 미술계를 점령한 것은 그만의 개인적인 언어가 선과 색을 통해 적절히 표현되었기 때문이다. 그의 정물화에서 화폭을 전체적으로 어우르는 구도는 관람자의 시선을 그림의 뒷면으로 유도하고 캔버스 밖의 이야기를 전한다.

《셰프의 아뜰리에전展》코스에서 선보인 〈수련, 차롬한 초록〉은 차가운 콜리플라워 수프다. 이 수프는 모네의 수련 연작을 모티프로 했다. 모네가 단순히 초록색 물감으로 연잎을 잘 그려서 유명해지지는 않았을 것이다. 그가 초록으로 그린 것은 아마도 연못에 투영된 자신의 감정들일 게다. 그의 감정을 표현하기 위해 현대적 조리 방법인 에스푸마 기법이 동원된다. 마르셀 프루스트는 모네가 수련 연작을 그리던 시절 그의 그림을 좇아 『잃어버린 시간을 찾아서』의 한 문단을 적었다.

"콩브레의 연못은 수면 여기저기 떠다니는, 딸기처럼 수줍고 하얀 꽃잎들로 둘러싸인 한 송이 수련의 주홍색 마음 같았다. 좀 과장된 표현 같지만 떠다니는 꽃침대 위에 서로 꼭 끼게 누워 있는 사람들 같은 모습은 마치 팬지꽃들이 나비처럼 정원에서 날아올라 푸른 광택이 나는 날개를 파닥이며 연못 가장자리 투명한 그늘 위를 맴돌고 있는 것 같았다. 이 하늘빛 가장자리…."

'나의 정원은 가장 아름다운 작품이다.'라고 말한 그가 연못 앞에 앉아서 느꼈을 감정을 식감으로 표현하는 것은 시각적인 이미지를 넘어서야만 하는 도전이었다.

모네의 그림 〈수련〉을 모티프로 한 콜리플라워 수프 〈차롬한 초록〉. 에스푸마 기법으로 모네가 연못 앞에서 느낀 가벼운 감정을 식감으로 표현한다.

모네의 수련, 그 차롬한 초록은 어떤 맛일까

영국의 남단 포츠머스 항구에서 저녁을 먹고 연락선을 타면 도버해협을 항해해 이튿날 새벽 프랑스 노르망디의 르 아브르 항구에 닿는다. 영국의 맥주를 실은 트럭들이 뱃고동 소리를 신호로 배에서 쏟아져 나온다. 그 자리는 이내 프랑스의 와인을 실은 화물차들로 채워진다.

기술을 기술하는 기술 **275**

선상 캐빈에서 고양이 세수를 하고 나와 종이컵에 커피 한 잔을 마시며 조간신문을 훑는다. 이날 「*The Times*」의 헤드라인은 브렉시트에 대한 우려다. 「*Le Monde*」 1면에는 성소수자를 위한 레인보우 행사 소식이 전해지고 있다. 영국과 프랑스 사이 무역항을 오가는 화물차 기사들은 각자의 언어로 된 신문을 중세 기사의 장창인 것처럼 꿰어차고 거대한 트럭을 몰아 서로를 향해 '일기토'를 하듯 돌진해 들어간다.

르 아브르는 영국과 유럽 대륙을 연결하는 물류의 관문이다. 프랑스에서 마르세유 다음으로 큰 무역항이자 클로드 모네가 인상파를 창시한 미술사적으로도 의미가 큰 항구 도시다. 런던과 파리를 오가는 가장 편한 방법은 항공편이다. 1시간 20분의 비행이면 파리 샤를 드골 공항에서 런던 히드로 공항까지 이동이 가능하다. 도버해협의 해저를 관통하는 도버터널이 개통된 후로는 자동차로도 1시간이면 영국에 도달할 수 있다. 불편을 감수하고 배편으로 도버해협을 건넌 것은 모네의 그림 「인상, 해돋이 impression:sunrise」 속 르 아브르 항구의 일출을 눈으로 직접 경험하기 위해서였다. 그러나 북해의 짙은 해무는 항구를 가득 메워버렸고, 여명은 초점을 둘 곳도 없이 하염없이 밝아왔다. 클로드 모네가 인상주의를 완성한 르 아브르의 해돋이를 선상에서 보겠다는 계획은 보기좋게 빗나갔다. 선상의 영국 커피가 쓰다.

인상파 혹은 인상주의는 클로드 모네의 그림 한 점으로부터 시작되었다. 「인상, 해돋이」는 프랑스 북부 노르망디의 항구 르

클로드 모네가 르 아브르 항구를 그린 「인상, 해돋이」. 그림 속 뒤편 화석발전소와 항구의 크레인이 흐릿하게 표현되어 있다. 붉은 태양이 만든 윤슬 사이로 보이는 담청색의 도시 풍경이 모네가 바라본 르 아브르의 풍경이다.

아브르에 떠오르는 태양을 그린 그림이다. 아카데미 화풍을 벗어나 풍경을 바라보는 주관적인 인상들을 간결한 붓 터치로 담담하게 담아냈다. 르 아브르 미술관MuMa, Musée d'art morderne André Malraux은 인상주의의 산고를 고스란히 담은 클로드 모네와 모네의 스승 외젠 부댕의 작품들로 유명하다. 인상파의 태동기에 그들이 마주한 혹평과 그것을 넘어서려는 줄기찬 노력이 벽면 가득 고스란히 걸려 있다. 그러나 또 다시 모네는 어렵게 찾아온 방문자에게 자신의 속살을 감추고 만다. 르 아브르 미술관의 주요 소장품들은 파리의 한 미술관에서 열리는 인상파 특별전을 위해 대여되었다고 한다. 이쯤 되면 노화가의 근성이 상당하다. 모네의 해돋이를 만나기 위해 영국을 돌아 항구로 들어온 합리적이지 않은 여정 동안 모네의 그림들은 고속도로를 통해 유유히 파리로 가버린 것이다. 미술관의 프랑스 커피도 쓰다.

　　마음도 위장도 모두 헛헛하다. MuMa미술관의 식당에서는 항구의 갈매기 소리가 들린다. 조개 파르시 한 접시를 비우고 항구에 서서 르 아브르의 풍경을 본다. 해가 높아지자 해무가 사라지고 항구의 잔잔한 물살에 반사되는 윤슬 사이로 어디선가 본 듯한 콘크리트 특유의 담청색의 풍경이 모습을 드러냈다. 너무나도 강하게 인식하고 있던 모네의 색감인 초록과 붉은 태양빛 너머에 있던 흐릿하게 표현된 담청색의 풍경이다. 클로드 영감이 당시 받았던 영감靈感과 마주하는 순간이었다. 표현의 방식이 아닌 가장 개인적

조개 파르시 〈윤슬〉. 모네가 바라본 르 아브르 항구의 윤슬은 담청색이었다. 모네의 집요한 안내에 따라 디자인된 메뉴

인 순간적 '인상'을 표현하기 위해 한평생을 고뇌했던 모네는 그렇게 힘들게 자신이 바라본 풍경의 알맹이로 안내했던 것이다.

결국 「인상, 해돋이」를 모티프로 한 조개 파르시 요리 〈윤슬〉은 원래 계획된 여명의 붉은 색조가 아닌 그의 그림 속에서 배경으로 흐릿하게 처리된 석탄 발전소들이 지닌 콘크리트의 푸르스름한 회색을 가지게 된다. 붉은 해돋이를 걷어내면 푸른빛의 '인상'만 남게 되고 그것이 모네가 그리고자 한 개인적인 감정이었다. 새롭게 만들어지는 도시의 놀라운 풍경을 간직한 담청의 색감 위에 재료들을 얽어 물살에 반짝이는 윤슬의 느낌을 담는다.

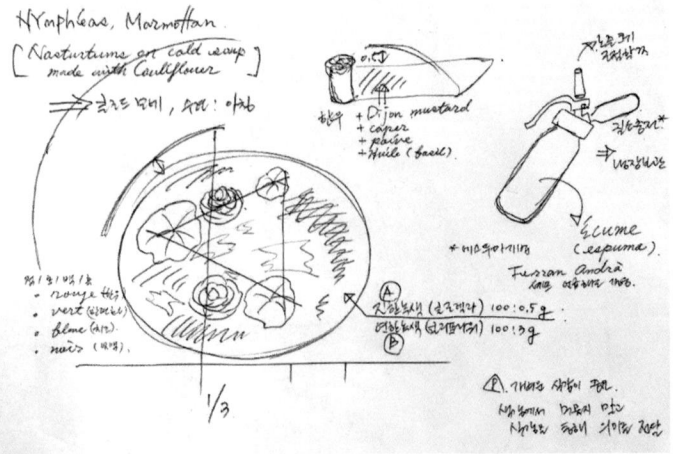

콜리플라워 수프 〈차롬한 초록〉의 레시피 스케치. 모네가 연못 앞에서 느낀 가벼운 감정과 수련의 위로 떨어지는 햇살을 포착하기 위해 노력했다. '에스푸마'라는 현대적 조리법을 사용하기에 수프는 오히려 더 깊고 진중하게 만들었다.

〈윤슬〉의 주된 재료는 섬진강의 잔잔한 물살을 그대로 간직한 자연산 섬 참담치와 노르망디의 버터다. 노르망디 지역의 버터가 세계 최고의 맛을 자랑하는 것은 착유하는 젖소를 방목하기 때문이다. 너른 평원에서 유유히 시간을 보내는 젖소는 담백하고 차분한 우유를 제공한다. 2차대전으로 폐허가 된 뒤 도시계획에 의해 르 아브르가 재건되기 이전, 모네와 그의 스승 부댕은 노르망디의 젖소가 있는 목가적 풍경을 주로 그렸다. 버터가 올려질 파르시 요리의 주재료로는 껍데기에 섬진강의 녹조가 낀 섬 참담치를 선택한다. 파르시는 프랑스어로 '채우다'라는 의미다. 이는

〈차롬한 초록〉은 시각이 아닌 식감을 통해 그림이 주는 느낌을 표현해낸다.

조개나 채소의 속을 파낸 뒤 재료들을 조리해 다시 그 자리에 채우는 요리의 이름이기도 하다.

섬진강의 참담치에 버터와 허브가 채워져 오븐에서 구워진다. 홍합 특유의 맛과 향 사이로 고소하고 담백한 버터가 스며들고 여러 향채들이 그 사이의 빈 공간을 산뜻하게 메운다. 붉은 태양이 잔잔한 물이랑에 반영된 윤슬이 인상적인 「인상, 해돋이」는 결국 붉은 톤 없이 클로드 모네가 그렇게 보여주고 싶어 한 숨겨진 담청의 색으로 식탁 위에 올랐다.

마르모탕 미술관이 자랑하는 「수련: 능수버들」, 오랑주리 미술관의 「수련: 초록그림자」, 내셔널 갤러리의 대표적인 소장품 「수련: 지는 해」, 오르셰 미술관의 「수련이 핀 연못: 분홍색 조화」, 푸시킨 미술관의 한쪽 벽면을 수놓은 「흰색 수련 연못」. 「인상, 해돋이」가 미술사적으로 큰 가치를 가지는 그림이기는 하지만 모네의 대표작은 아무래도 수련 연작들이다. 국적을 막론하고 모네의 수련 작품 앞에는 고장난듯 멈춰선 사람들이 있다. 모네가 그린 수련의 참을 수 없는 가벼움은 다른 명화들 앞에서처럼 격한 감정을 유발하지 않는다. 가벼워져야 수면 위에 떠 있을 수 있는 연잎의 운명은 흐릿하지만 분명한 필치로 다가온다.

모네의 수련 연작을 모티프로 한 수프 〈차롬한 초록〉은 식감을 통해 모네가 연못 앞에서 느낀 감정들을 표현하는 데 중점을 두었다. 가벼운 감정들을 표현하기 위해 에스푸마 기법을 사용하여 콜리플라워로 만든 차가운 수프의 질감을 조절한다. 에스푸마 기법은 질소 충전제를 이용해 수프 등 액체 요리의 밀도를 균질하게 낮추는 분자요리의 한 방법이다. 수많은 재료들을 오랜 시간 끓여 진하게 맛을 엉키게 한 수프 사이로 공기가 들어가면서 짙은 맛을 해치지 않으면서 가벼운 식감으로 변모한다. 가볍게 포밍된 수프 위에는 녹조류인 클로넬라 퓌레로 색을 입히고 초록의 한련화, 하얀 치즈, 분홍빛의 한우 타르타르가 올라간다. 향채 한련화는 물 가장자리의 반짝이는 햇살을 새콤한 맛으로 표현한다. 한우 육회를 디종에서 온 머스타드와 허브들로 버무려 꽃잎처럼 말아

올린다. 수프의 밀도는 딱 육회를 지탱할 정도에 맞춰져 있다. 치즈를 통해 짭조름한 반사광을 만들고 그 위에 헤이즐넛을 갈아 올려 풍미를 더한다.

수프 〈차롬한 초록〉은 모네의 수련 그림의 시각적인 이미지만을 접시로 옮긴 것이 아니라 연못 앞에서 그가 느낀 가벼운 심정을 표현해낸다. 입안에서 사라지듯 녹는 수프의 질감과 각각의 재료들이 상징하는 풍경에 대한 섬세한 묘사는 모네가 사랑한 연못이 있는 정원을 입 속에서 느끼게 한다.

캔버스의 사생활

거대한 산맥은 스스로 기후를 가르고 여러 계절을 한 번에 담아낸다. 어느 해 늦은 여름 피레네산맥의 동쪽 기슭 기사식당에서 화이트 아스파라거스로 배를 채우고 북쪽 산비탈과 연결되는 도로의 모퉁이를 돌자, 장엄한 가을의 풍경이 거짓말처럼 불현듯 펼쳐졌다. 산비탈의 방향과 고도의 차이가 모퉁이 하나를 두고 여름과 가을을 가르고 있었다. 버스 정류장의 대형 광고판에는 「*Paris Match*」의 최신호가 걸려 있다. 1면 표지는 폴 보퀴즈Paul Bocuse 셰프에 대한 추모기사다. 그해 그의 서거는 후배 요리사들에게 큰 숙제를 남겼다. '무엇'을 익혀서 조합할 것인가에서 그것들을 '어떻게' 표현할 것인가로 조리의 질문을 바꾼 그의 작업은 현대 조리법의 새로운 기준을 제안했다. 그는 두려움 없이 땅과 바다가 담지한 이야기를 조리라는 언어로 접시 위에 올렸다. 에드와르 마네의 작업들 또한 하나의 산맥과 같이 시대의 흐름을 가로막고 마치 계절을 스스로 변화시키듯 새로운 물결을 만들어 냈다. 이로 인해 수백 년의 미술사조가 그를 중심으로 둘로 나뉜다.

클래식은 보편적인 미감이 있어서 시간을 견뎌낸다. 그러나 반대의 의미에서 그것들이 창작된 당시로서는 하나의 혁신적인 도전이다. 그 시기의 클래식에 대항하여 기성의 아성에 충격을 가하고 기꺼이 이단아가 되어 모진 수모를 견딘다. 찬사와 혹평 사이에서 고뇌하고 그 위에 시간의 더께를 켜켜이 쌓아야 새로운 클래식으로 생명력을 가진다. 「풀밭 위의 점심식사」, 「나나」, 「발코니」 등의 작품들과 마찬가지로 마네의 「아스파라거스 다발」 또한 당시로서는 이해하기 힘든 구도와 혁신적인 화풍으로 논쟁의 중심에 섰다. 사실 1880년 당시 「아스파라거스 다발」이 그려진 데는 재미있는 일화가 있다. 어느 날 마네는 프랑스의 부유한 작품 수집가이자 아마추어 사학자인 샤를 에프뤼시Charles Ephrussi에게 아스파라거스 한 다발을 800프랑에 팔기로 한다. 그런데 에프뤼시는 그 대가로 마네에게 1,000프랑을 지불했고, 이에 위트 있는 회화의 거장은 아스파라거스 그림을 그려 "당신의 아스파라거스 다발에서 분실된 200프랑 어치의 아스파라거스가 여기 있소."라는 메모와 함께 화이트 아스파라거스가 그려진 그림 한 점을 선물한다.

〈아스파라거스 다발〉은 계절을 가르는 산맥처럼 자신의 존재 앞뒤로 시대를 나눈 거장들을 오마주한다.

화이트 아스파라거스와 초록색의 일반적인 아스파라거스는 같은 종류의 채소다. 이 맛 좋은 생명체는 자라는 환경에 따라 그 색이 결정된다. 볕이 많고 생장 환경이 좋으면 아스파라거스는 가늘고 길게 자라 올라 꽃을 피우고 가지를 뻗는다. 음지에서 자라는 아스파라거스의 순은 하얗고 굵게 자라며 다음 시절을 기약한다. 시련이 주는 아이러니는 채소를 웃자라지 않게 하고 맛이 차들어갈 충분한 시간을 준다. 깊은 산중의 나무그늘에서 자란 화이트 아스파라거스는 소고기의 안심 부위처럼 부드럽고 쫄깃하다.

앙트레 요리로 디자인된 〈아스파라거스 다발〉은 여름의 화이트 아스파라거스를 중심으로 봄날의 살 오른 달팽이와 가을의 향기를 담은 송화 버섯을 배치했다. 전통적인 레시피에서는 아스파라거스를 버터를 두른 팬으로 구워 스테이크의 부재료로 사용한다. 그러나 아스파라거스 다발 메뉴는 화이트 아스파라거스를 주인공으로 캐스팅한다. 조연에게 주어진 첫 주연 무대는 관객들에게 배우의 연기력을 넘어서는 산뜻한 설득력이 있다. 딜과 타임 등 허브를 우린 물을 찜기에 넣고 한천으로 덮어 두툼한 화이트 아스파라거스를 찐다. 아스파라거스의 양쪽에는 전남 곡성 옥과면에서 온 송화 버섯과 프랑스 부르고뉴산 달팽이 에스카르고를 올린다. 허브로 조리한 달팽이는 마네 화백의 두려움 없는 도전을, 소나무 향의 송화 버섯은 보퀴즈 셰프의 재료에 대한 진중한 해석을 오마주한다.

프랑스의 소설가 에밀 졸라는 1867년 신문 기고에서 마네에 대해 "당신은 생생하게 이 세상을 풀어냈고, 사물과 인간의 실체를 독특한 문법으로 표현했다."라고 썼다. 시대 앞에 굳건하게 버티고 서서 스스로 거대한 흐름을 바꾼 두 거장에게 경의를 표한다.

감자에 철갑상어 알 캐비어를 올린 아뮤즈 부시 〈아를의 방〉은 1888년에 그려진 두 점의 작품으로부터 출발했다. 1888년 고흐가 그린 「고흐의 의자」는 직선으로 된 의자가 맨바닥 위에 놓여 있고, 의자 위에 궐련 파이프와 잎 연초를 두어 고독한 예술가의 한숨을 암시한다. 같은 해 고흐가 그린 「고갱의 의자」는 팔걸이가 있는 안락의자다. 의자 위 같은 자리에는 촛불 샹들리에와 두 권의 책을 놓아 부르주아적인 고갱의 환경을 빗대었다. 고흐는 「고갱의 의자」를 그리던 시기 고갱과 자주 다투게 되고 마침내 한 쪽 귀를 스스로 자르게 된다. 고갱이 그린 「해바라기를 그리는 고흐」와 더불어 여러 작품을 통해 두 화가는 속내를 서로에게 털어놓았다. 색과 선으로 이루어진 문장들은 그들의 숨겨진 이야기다. 1888년은 고흐와 고갱이 결별을 한 해이기도 하다. 작품 속 의자의 방향이 서로 반대쪽을 향하고 있는 것이 결별을 암시한다고 풀이된다.

아뮤즈 부시 〈아를의 방〉은 해풍을 맞고 자란 남도의 감자를 사용했다. 소금기가 내려앉은 땅에서 자란 거친 느낌의 감자들은 북해의 풍랑을 견딘 프랑스산 철갑상어의 알 캐비어와 함께 고흐의 거친 생각들을 접시에 담는다. 여기에 노르망디의 치즈 프로

고흐와 고갱의 의자를 모티프로 한 〈아를의 방〉 아뮤즈 부시. 재료들에 대한 풀이와 상징성은 다음 코스들의 이야기가 궁금하게 만든다.

마주 블랑이 풍미를 더한다. 고흐의 느낌을 표현하기에는 청록색이나 황금빛 노란색 같은 색채가 제격이다. 그러나 〈아를의 방〉 메뉴는 모든 색을 배제하고 그의 그림에 선으로 그려진 숨겨진 글자들에 집중했다. 고흐뿐 아니라 대부분의 대화가들이 물감으로 피사체를 똑같이 그리지는 않았다. 아마도 그들은 자신의 작품이 그림을 보는 이의 경험과 충돌하며 새로운 감정들이 만들어지기를 바랐을 것이다.

아뮤즈 부시는 코스 전체가 말하고자 하는 바를 암시한다. 손님들은 다음 메뉴가 전할 캔버스 밖의 또 다른 사생활에 궁금증을 가지게 된다.

명확한 것은 지루하다. 에드가 드가는 지독한 사실성을 통해 순간적인 우아함을 표현한 화가다. 직물과 청동 재료의 조각품 「14세 소녀 무용수」는 그 과도한 사실적 표현으로 인해 모델의 혹사가 언급되며 지탄을 받기까지 한다. 드가 만큼이나 주변에 놓인 시간과 공간을 자신만의 기법으로 소화하여 표현한 이도 많지 않다. 사뿐히 내딛는 무용수의 발동작은 시간을 정지시킨다. 부드러운 표현을 위해 엄청난 근력과 유연성을 요구하는 아크로바틱한 동작에서 멈춘 시간은 아름답다 못해 잔인하다.

에드가 드가가 그린 발레 연습실의 무용수를 연상하게 하는 〈튀튀를 입은 수플레〉는 순간적인 타이밍과 그 짧은 순간을 만들기 위한 긴 시간에 대한 역설을 전한다. 프랑스 속담에 '계약과 수플레는 타이밍이 중요하다.'는 말이 있다. 프랑스의 달걀찜에 해당하는 수플레의 조리에 있어서도 타이밍이 중요하다. 오븐에서 꺼내는 시간을 정확하게 잡아내야 하는 요리다. 수플레를 정확하게 굽기 위해 이번 메뉴에서 처음 도입한 청동 재질로 된 작은

〈튀튀를 입은 수플레〉는 순간적인 타이밍에 집중한 메뉴이다. 발레슈트처럼 생긴 치즈와 청동 빵틀로 구워낸 수플레는 드가가 집요하게 조작하여 만들어낸 순간의 미학을 상징한다.

구겔호프 빵틀은 열전도를 고르게 하고 수플레가 전체적으로 균일하게 구워지게 만든다.

발레 슈트 튀튀 모양으로 카빙된 테드 드 무안 치즈의 짭조름한 맛이 달걀 수플레의 풍미를 완성한다. 절묘한 타이밍이 만든 부드러운 식감과 집요하게 조작된 맛의 조합은 먹는 이로 하여금 편안함을 느끼게 한다. 수플레 위에서 발레 슈트 튀튀처럼 하늘거리는 테드 드 무안 치즈는 꽃잎처럼 보여 먹기도 전에 감탄을 자아낸다. 이 아름다운 치즈의 이름을 직역하면 '수도승의 머리'이다. 이 무시무시한 이름은 사람 머리 크기의 치즈를 꼬챙이에 고정하여 카빙 나이프를 둥글게 돌려 모양을 내는 데서 유래했다. 중세의 대표적인 위정자 층인 종교지도자들의 착취와 폭정에 저항하는 의미로 이런 이름이 붙여진 것이다.

밤에는 모든 고양이가 분홍색이다. 어두운 곳에서 언뜻 실루엣만 보면 모두가 착한 고양이처럼 보이지만 피상의 이면에는 야성과 생존의 기술들이 감춰져 있다. 아름답게 보이는 것들의 사생활에는 언제나 반전이 있다. 진정한 속내와 처한 상황을 깊이 들여다보기 전에는 순하고 미려한 모습이다.

호사, 평온, 그리고 관능

"그곳에서는 모든 것이 아름답고 고요하며, 호사롭다. 오리마저 시적이고 예술가의 혼처럼 은밀하다. 그곳에서는 모든 것이 내 사랑하는 그대를 닮았다."

샤를 보들레르의 시 「여행으로의 초대」 중 일부다. 앙리 마티즈는 보들레르의 시를 자주 읽었으며 자신의 작업과 연결짓기를 시도했다. 마티즈의 1904년 작 「호사, 평온, 그리고 관능Luxe, Calm et Volupté」은 보들레르의 시편 「여행으로의 초대Invitation au Voyage」를 인용하여 그린 작품이다. 1906년에 그린 「삶의 기쁨La Joie de Vivre」과 함께 자신만의 새로운 기법을 보들레르에게 헌사한 오마주hommage였다. 그들의 작품은 서로에게 영감을 주며 추상적인 관념들을 견고하게 만들었다. 그러나 서로에게 영감을 주며 우정을 과시하는 경우도 있지만 반대로 라이벌 관계가 뚜렷한 경우도 있다. 마티즈와 피카소가 그러한 경우다. 같은 시기 활동한 두 천재 화가는 서로가 서로에게 넘어서야만 하는 대상이었다. 당시 두 사람의 우열을 결정하는 권위를 가진 자는 거트루드 스타인이었다.

거트루드 스타인은 소설가이자 미술평론가다. 1968년 뉴욕타임즈가 '그녀의 거실은 미술사 최초의 현대미술관이다.'라고 말했을 정도로 미술품 수집자이자 수준 높은 현대미술 평론가였다. 그의 말 한마디에 시대 최고의 거장이 결정되었고 사람들은

〈성게가 있는 정물〉은 타협하지 않는 예술가의 정신을 전한다. 최고의 식재료를 통해 세기의 라이벌들이 벌인 치열한 승부를 들여다본다.

그 권위에 복종했다. 피카소가 그린 거트루드의 초상화는 화가의 말년 걸작으로 꼽힌다. 피카소는 모든 그림 중 거트루드의 초상화를 가장 공을 들여 그렸다고 전한다. 아닌 게 아니라 거투르드의 초상화는 그의 추상적 화풍에 비해 정성을 쏟아 그린 흔적이 역력하다. 피카소답지 않게 손가락들이 모두 제자리에 있고 눈썹 한 올까지 두루뭉술하게 그리지 않고 성실하고 세밀하게 그렸다. 아무래도 자신을 평하는 사람의 초상화를 그리다 보니 정성이 더 들어갔을 일이다.

요리사들 또한 평가서와 평론가들의 말에 일희일비하며 귀 기울이기 마련이다. 매년 미식 가이드가 발간되면 셰프들은 천당과 지옥을 오가는 롤러코스트에 탑승한다. 가장 주관적일 수밖에 없는 맛을 평가하는 것이기에 오히려 권위를 가진 평론에 민감한지도 모르겠다.

평론가와 예술가의 관계를 조명한 〈성게가 있는 정물〉은 조리법보다는 재료의 선택에 집중한 메뉴다. 동해의 새우, 서해의 감태, 남해의 성게를 멍게 모양 화분 위에 올렸다. 전반적으로 유통이 쉽지 않은 식재료들이다. 특히 우니라고 불리는 성게알은 냉장 유통이 쉽지 않아 대부분 냉동 제품을 쓰는데, 캐나다산과 일본산 제품이 많이 사용된다. 바다에서 건져 올린 날 바로 배송을 받아 성게알을 사용하는 것은 비용과 노력면에서 생각보다 어려움이 많았다. 상업적으로 운영하는 레스토랑이 감당하기에는 현실적으로 불가능했다. 그러나 손님들을 권위 있는 미식평론가로 생각하며 타협하지 않고 최고치를 선보이겠다는 의지는 적절하게 작동했다. 파인 다이닝을 많이 찾는 고객들에게서는 호평이 이어졌다. 다른 코스 요리 전문 식당들과 비교하는 칭찬을 받으면, 그곳 셰프들과 나름의 친분이 있으니 "셰프들마다 스타일이 다르고 작업의 방식이 다르니 취향의 문제이지요."라고 답한다. 그러나 그 말을 하는 입꼬리의 위치는 분명 중립적이지 않다.

요리사는 맛이라는 언어를 통해 그림 속에 숨겨진 화가의 전하고자 한 속마음을 하나의 문장으로 길어올려 표현하고 아뜰리에의 사생활을 탐험한다. 작품에 영감을 준 뮤즈의 속삭임과 타협을 가로막는 평론가들의 독설은 기적 같은 창작의 원동력이다. 거트루드의 말처럼 그림을 그리거나 글을 쓰는 사람이 행복한 이유는 날마다 기적을 경험하기 때문이다. 때로는 요리사도 그렇다.

문장의
맛

"난 책들을 샐러드처럼 먹었다네. 책은 내 점심 샌드위치였고, 간식이었으며, 저녁식사였고 야식이기도 했지. 페이지를 찢어 소금을 쳐서 먹고, 소스를 뿌렸으며 표지를 물어뜯고, 장들을 혀로 넘겼다네! 여남은, 스물, 아니 수없이 많은 책들을. 집으로 책을 너무 많이 날라서 한동안 곱사등이 될 정도였으니까. 철학, 예술사, 정치, 사회, 과학, 시, 에세이, 장엄한 희곡, 뭐든지 말해보게. 다 먹어치웠으니까."

_『화씨451』 레이 브레드버리, 1953

  수많은 글자들이 모여 새로운 의미의 문장을 만들고, 그 문장들은 유기적으로 엮여 한 권의 책이 된다. 잘 쓰인 글에 담긴 단어들은 개연성 있게 배열되어 구조를 만들어 의미를 담아내고 감정을 지탱한다. 요리의 일련도 그와 비슷한 구석이 있다. 적당한 레시피는 문법이 되어 따로 떨어져 있을 때는 의미 없었던 파와 마늘, 소금과 후추, 그리고 각종 재료들을 버무려 한 접시의 새로운 맛을 만든다. 문법에 맞춰 만들어진 요리들을 의미를 가지도록 재해석한 뒤 수많은 플롯을 통해 배치하면 하나의 코스가 완성된다. 텍스트로 된 문장을 모티프로 하여 그 의미를 맛으로 표현하는 과정에서는 이렇게 재료들에 의미를 부여하고 그 사이의 관계를 견고하게 형성하는 것이 필요하다. 책의 내용에 묘사된 음식을 그대로 재현하는 것은 아마추어 요리 연구가의 몫이다. 셰프는 글의 행간에서 육즙을 찾아내고 사용된 조사가 문맥상 후추인지 소금인지를 분별해야 한다. 가자미는 굽고 생태는 끓여야 하는 것처럼 정해진 문법에 맞춘다면 냄비 안의 글자들은 맛있게 조리된다.

글자들의 수프

"나는 인생의 가장 어둡고 구석진 곳에 숨겨진 은밀하고 희망적인 논리를 믿고 있다. 가장 어려운 시기에도 나는 항상 아무 일도 일어나지 않으리라는 놀라운 신뢰가 내 가슴 속에 자라남을 느꼈다. 왜냐하면, 나는 내 어머니의 해피엔딩이므로."

로맹 가리의 자전적 소설 『새벽의 약속 *La Promesse de L'aube*』은 바르샤바를 떠난 그가 니스 기차역에 도착하는 장면으로 시작된다. 단호박과 오렌지를 주 재료로 서른 가지 넘는 재료들을 오랜 시간 끓여낸 〈글자들의 수프〉는 로맹 가리의 동명 소설을 화소話素로 해서 만들어졌다. 물론 1960년 작 로맹 가리의 소설『새벽의 약속』에 단호박 수프가 등장하지는 않는다. 그러나 작품의 안과 밖에서 길어올린 몇 가지 이야기들은 음식의 디자인에 있어 중요한 역할을 한다.

니스 기차역 앞 광장의 건물들은 은은한 겨자색이다. 겨자빛 노랑은 프로방스를 상징하는 색 중 하나다. 남프랑스의 노란 맛은 과일과 채소로 대변된다. 그 양쪽을 상징하는 것이 바로 오렌지와 단호박이다. 지중해의 햇살을 그대로 담은 오렌지와 비옥한 프로방스의 땅의 기운을 머금은 단호박은 복잡한 노란색 단맛을 자랑한다.

『새벽의 약속』에서 주인공인 어린 로맹 가리 앞의 삶도 두 가지 노랑이다. 시대는 단호박처럼 무겁고 퍽퍽했다. 러시아에서 유대인의 아들로 태어나 나치의 홀로코스트를 피해 니스에서 프랑스 국적을 취득해야 하는 삶은 칼이 잘 들어가지 않는 단단한 단호박과 같다. 그러나 그에게는 프로방스의 햇살과도 같은 어머니가 있었고, 결국 그녀의 의도대로 외교관이 되고 작가가 되어 프랑스인이 받을 수 있는 최고 명예인 레지옹 도뇌르 훈장을 받는다. 게다가 작가로서도 콩쿠르 상을 두 번이나 수상하는 오렌지 같은 달콤한 과즙을 맛보게 된다.

소설의 첫 문장은 "모든 것이 끝났다."이고, 가장 마지막 문장은 "나는 살아냈다."이다. 완벽히 대비되는 두 문장을 마치 같은 의미인 것마냥 수미쌍관으로 배치하고, 그 사이에 자신의 이야기를 장편으로 삽입한다. 사실 〈글자들의 수프〉에서 같은 색이지

du ciel, l'architecture
nuages, les colorations change
la mer, le scintillement
un prisme merveilleux
les yeux sans les lasser
élancées des navires au gran
auxquels la houle impr
harmonieuses, servent
dans l'âme
et à la beau

만 전혀 다른 느낌을 가진 두 재료를 배치한 것은 그가 가진 두 개의 이름 때문이다. 둘 다 노란색이지만 전혀 다른 맛과 무게감을 가진 오렌지와 단호박은 각각 에밀 아자르와 로맹 가리를 상징한다. 로맹 가리는 1956년『하늘의 뿌리』로 콩쿠르 상을 수상한다. 이후 로맹 가리는 에밀 아자르라는 필명으로 개명하고 이전과는 다른 문체로 다시 문학계에 등단한다. 결국『자기 앞의 생』으로 1975년 두 번째 콩쿠르를 수상한다. 평생 한 번만 수상의 영예를 가질 수 있는 콩쿠르 상을 두 번 수상한 유일한 작가다. 로맹가리와 에밀 아자르의 문학적 삶은 둘 다 개별적으로 완벽하다. 같은 색이지만 전혀 다른 맛의 단호박과 오렌지처럼 그 둘의 문장도 고된 삶의 이면에 있는 달콤함을 서로 다르게 풀어낸다. 두 작가의 문장은 언제나 첫 맛은 떫고 끝 맛은 달다.

　　어느 해, 맛에 대한 고된 탐험의 일정에 대한 보상으로 잠시 지중해의 휴양지 니스에 들렀다. 마침 니스 국립 극장에서는 뒤마 피스의「춘희」가 무대에 올라 있었다. 사실 일정보다 열흘 뒤에 막을 올리는 연극이었다. '마침'이라는 부사가 가지는 상대적 시간의 길이는 뒤마에 대한 개인적인 애착을 포함한 빈도다. 기다려야만 하는 시간 동안 반강제적으로 니스의 생활자가 되었다. 영국인의 산책로를 벗어나 그 유명한 니스 벼룩시장을 지나면 관광객을 위한 공간이 아니라 니스 사람들의 생활터전인 구도심이 나온다. 1월의 영상 기온이 따뜻하게마저 느껴지는 봄비 같은 겨울비에 우산도 없이 카페에 들어온 마담들은 춥다고 아우성을 하며 따뜻한 초콜릿 음료를 마신다.

프로방스의 날씨는 언제나 얄밉다. 뒷골목 오래된 책들을 파는 고서점들에서는 마르셀 프루스트나 빅토르 위고 같은 프랑스를 대표하는 문호들의 초판본이 꽂혀 있다. 로맹 가리가 니스에서 머물렀던 집은 현재 로맹 가리 도서관이 되어 문학을 사랑하는 니스 학생들의 보금자리가 되어 있다. 휴양지의 모습이 아닌 문학의 도시로서 니스는 차분하고 촉촉하다. 아들 뒤마의 『춘희』는 「축배의 노래」 같은 아리아들로 유명한 베르디의 오페라 「라 트라비아타」의 원작 소설이기도 하다.

「라 트라비아타」의 국내 공연은 거의 다 찾아봤었다. 춘희는 열 번 이상 탐독한 책이다. 프랑스어 연극은 처음이지만 이 연극을 깊이 이해하는 것은 자신 있다고 생각했다. 그러나 니스 시어터에 올려진 이날의 작품은 사회풍자와 철학적 사념을 담아 재해석한 부조리극이었다! 배우들은 무대 가운데 서서 공연 내내 독백과 방백을 읊조렸다. 세 시간의 긴 공연시간 동안 예닐곱 문장이나 이해했을까? 결국 위경련이 일어났다. 사랑 연가가 아닌 프랑스어 염가念歌를 듣기 위해 열흘간 기다린 시간이야말로 부조리했다. '트라비아타'는 '삶을 여행하는 자' 즉, 인생에서 길을 잘못 든 사람을 의미한다. 비련의 여주인공 마르크리트가 라La 트라비아타라면 그날의 나는 르Le 트라비아토였다. 어려운 문장들로 점철된 이해할 수 없는 방백들이 오가는 동안 할 수 있는 것은 반추동물이

된 것처럼 위벽을 이용해 공연 전의 식사를 되새김하는 일이었다.

니스 국립극장 2층에는 식사를 위한 공간이 있다. 레스토랑이 아니라 지역의 음식들로 적당하게 차려진 뷔페식 카페테리아다. 관람객들은 공연 전 샴페인과 함께 간단하게 요기를 한다. 수프와 간단한 음식들이 있다. 그 옆으로는 프랑스임을 확인이나 하듯 언제나 조금은 과한 치즈와 디저트들이 차려져 있다. 그러나 수프를 뜨는 순간 이역만리에서 온 요리사의 눈은 놀라움으로 가득 찼다. 노랗고 영롱한 이것은 단호박과 오렌지 수프가 아닌가? 니스 국립극장의 수프는 그곳의 사람들이 사랑하는 로맹 가리와 에밀 아자르의 이야기를 담고 있었다.

2년 전 『새벽의 약속』을 모티프로 만든 〈글자들의 수프〉가 떠오를 수밖에 없다. 일반적으로 셰프들은 자신이 디자인한 메뉴와 유사한 콘셉트를 마주하면 무척 날카로워진다. 조심스럽게 누가 먼저 그 메뉴를 론칭했는지를 따져보고, 수준의 높낮이를 가늠한다. 독창적이라고 믿었던 지금까지의 작업에 의구심이 들고 속상함과 불안감에 심장이 요동친다. 그러나 니스에서 〈글자들의 수프〉와 단호박과 오렌지 수프 메뉴를 만났을 때는 그저 반가웠다. 반갑다기보다는 현지의 감성과 맞았다는 안도와 유치한 자긍심으로 콧대가 한 치는 높아졌다. 이 니스의 셰프도 단호박은 로맹 가리, 오렌지가 에밀 아자르였을 것이다. 그럴 수밖에 없었겠지. 아무것도 모르는 그곳의 요리사에게 나만이 아는 이상한 의미가 담긴 눈인사를 건넨다.

직관적 구조를 해체하기

언어로 인지된 것을 맛이라는 두루뭉실한 감각으로 전달하는 것은 그 의미들을 어떻게 구조화해내느냐의 싸움이다. 억지로 설득하지 않고 느껴지게 해야 한다는 강박과 이성을 그대로 끌고 나오는 텍스트의 강인한 직관성은 '그럴싸해지는' 것을 방해한다. 그렇기에 어렵게 습득한 그간의 조리적 기술들과 재료의 재해석을 통해 의미를 건져 올리려고 치열하게 고민하고, 그 안에서 겨우 요리사와 손님 사이의 교착점을 찾아낸다. 그러나 누구나 인지할 수 있는 직관적인 구조를 모티프로 하는 경우에는 반대의 작업이 이루어진다. 이 경우는 견고하고 직관적인 인식을 해체해서 어떻게든 메타포레를 만들어내야 한다. 더하거나 덜하지 않은 그 선을 찾아내기가 힘들고 자칫 유치하게 느껴질 수 있다는 불안감 속에 매일 밤을 지새워야 한다.

생텍쥐페리의 『어린 왕자』의 이미지를 차용한 치즈 요리 〈기다림〉은 프랑스 치즈 위크 주간을 위해 디자인된 메뉴였다. 숙성의 시간을 기다린다는 의미를 가지는 치즈의 느낌과 기다림에 대한 『어린 왕자』 속 구절은 억지를 부리지 않아도 명확히 전달된다. '누가 봐도'라는 평가는 분명한 전달을 의미하지만 반대로 '누구나 할 수 있는' 것이기 때문에 창작에 있어 양날의 칼이다. 지루할 수 있는 미장센의 선명함을 제거하기 위해 어린 왕자와 장미꽃의 시선을 엇갈리게 배치했다. 단순할 수 있는 묘사를 흐트러뜨려

〈기다림〉. "네가 언제나 4시에 온다면, 나는 3시부터 행복해질 거야."

상상의 여지를 만들고 원작의 서사와는 다르게 플롯을 재구성한다. 몇몇 재료들이 달려들어 이 어려운 임무를 수행한다. 치즈는 반경성의 미몰레트 치즈를 선택했다. 우리에게 익숙한 체다 치즈와 비슷한 노란색이지만 명확하게 다른 맛을 선보인다. 갑각류를 우려 만든 비스크 소스가 밑에 깔리고 허브의 비율을 높여 식감을 변주한 크로켓이 올려진다.

사람 사이의 진한 믿음은 그것을 바탕으로 한 다양한 위트와 변주를 허락한다. 식당과 손님의 관계도 비슷한 구석이 있기에, 언제나 그러한 맛을 먹을 수 있다는 안도와 자신만의 스타일 안에서도 새로운 변화를 보여주고 있어 한 식당을 자주 찾는 이유가 된다.

"네가 언제나 4시에 온다면, 나는 3시부터 행복해질 거야."

생텍쥐페리의 문장은 길들여진 익숙함에서 오는 무료함이 아니라 그 안에서 언제나 새로움을 안정적으로 갈구할 수 있다는 행간이 있다.

오후의 서재

군 복무 시절 고참병이 되고서 남는 시간을 이용해 독서 인생에서 숙제로 남아 있던 책 한 권을 집어 들었다. 마르셀 프루스트가 쓴 『잃어버린 시간을 찾아서』는 20세기 최고의 걸작으로 꼽힌다. '마들렌'의 일화 덕분에 프렌치 셰프들이 가장 많이 오마주하는 소설이기도 하다. 1909년부터 13년간 쓰인 이 책에는 2,000명이 넘는 등장인물이 나온다. 당연히 모두가 프랑스식 이름을 가지고 있고 그들 대부분은 일가친척이라 성씨가 같다. 소설 속 가상 인물들의 가계도가 책 한권으로 엮어져 출간되기도 했다.

쓰이는 데 13년이 걸렸고, 편집되어 출간되는 데 다시 14년이 걸렸다. 읽는 데는 15년이 걸린다고 한다. 육군 병장의 복무 기간은 6개월이다. 아인슈타인의 상대성 이론을 증명이라도 하듯 너무도 분명하게 천천히 가는 국방부의 시계는 반년의 시간에 15년을 함축해버렸다.

이후 지금까지 세 번의 각기 다른 코스에서 세 가지 방법으로 『잃어버린 시간을 찾아서』를 인용했다. 처음에는 감자로 만든 마들렌 〈스완네 집 쪽으로〉를 통해 소설에서 마들렌이 의미하는 바를 탐구했고, 두 번째에서는 〈비밀의 정원〉이라는 메뉴로 소설의 배경이 된 일리에 마을의 프루스트 고모의 집 정원을 옮겨왔다. 마지막 《기억의 도서관》 코스의 아뮤즈 부시 〈오후의 서재〉에서는 책 전체의 주제를 세 가지 메뉴로 옮겼다.

"어느 겨울날. 집에 오자, 어머니는 내가 추워하는 것을 보시고서 평소에는 내가 마시지 않던 차를 마시라고 하셨다. 처음에는 싫다고 했지만, 왠지 모르게 마음이 바뀌었다. 어머니는 사람을 시켜 가리비 껍데기에 홈을 낸 틀에 넣어 만든 것 같은 '프티트 마들렌'이라고 하는 짧고 통통한 과자를 사오게 하셨다. 침울했던 하루와 슬픈 내일에 대한 전망으로 마음이 울적해져 있던 나는 마들렌 조각을 넣어 적셔둔 홍차 한 숟가락을 기계적으로 입술로 가져갔다. 그런데 과자 조각이 섞인 홍차 한 모금이 내 입천장에 닿는 순간, 나는 깜짝 놀라 내 몸 속에서 벌어지고 있는 특별한 일에 주목하게 되었다. 원인을 알 수 없는 어떤 감미로운 기쁨이 나를 사로잡으며 고립시켜버린 것이다. 마치 사랑이 그러하듯 이 기쁨이 귀중한 본질로 나를 채우자, 삶의 우여곡절이 사소하게 느껴졌고, 삶의 재난은 위험하지 않고, 그 짧음은 착각으로 여겨졌다. 아니, 그 본질은 내 안에 있는 것이 아니라 바로 나 자신이었다."

『잃어버린 시간을 찾아서』에서 마들렌은 과거의 회상으로 들어가 이야기를 전개하는 단초다. 달콤한 맛의 마들렌은 식사의 마지막에 차와 함께 먹는 프티 푸르 혹은 디저트로 적당하다. 그러나 소설 안에서 마들렌의 의미는 어떤 여정이 불현듯 시작되는 순간을 의미하기에 식사의 시작에 배치되어야 한다. 〈스완네 집 쪽으로〉는 마들렌의 의미를 좇아 식사의 가장 앞에 나온다. 그러기 위해서 원래의 달콤한 과자가 아닌 감자를 갈아 치즈와 함께 마들렌 과자틀에서 구워냈다.

"그리고 내가 라임 꽃 향이 나는 차에 적신 마들렌 조각(나는 이 기억만 하면 왜 이토록 기분이 좋아지는지 그 이유를 발견하는 것을 오랜 시간 미루어왔고 아직도 그 이유를 모르지만)의 맛을 느끼자마자, 그 순간 내 찻잔 속에는 우리 정원과 스완네 공원에 있는 꽃들과 비본의 수련, 마을과 작은 집의 착한 사람들, 그리고 콩브레 교회와 그 주변이 뚜렷하게 나타난다."

일리에 콩브레 마을의 속삭임을 담은 아뮤즈 부시 〈비밀의 정원〉. 작은 꽃의 향기는 쉽게 무릎 위로 넘어오지 않는다. 허리를 굽혀야 비로소 맡을 수 있다.

소설은 콩브레 마을 고모의 집에서 시작된다. 콩브레는 프루스트가 어린 시절을 보낸 일리에라고 하는 마을을 그대로 소설 속으로 옮긴 가상의 지명이다. 파리에서 출발하여 샤르트르를 지나 일리에로 가는 길은 너른 초원이다. 한참동안 산도 언덕도 하나 없는 시야의 절반은 하늘색이고 나머지 절반은 초록색인 풍경을 달리면 저 멀리서 하늘에 손톱으로 그어 놓은 듯한 일리에 교회당의 작은 첨탑이 보인다. 지금 이곳의 행정상 지명은 일리에-콩브레이다. 프루스트 탄생 100주년이 되는 해 프랑스 정부는 이곳의 지명에 소설 속 지명을 더해 행정구역의 이름으로 선포한다. 행정구역의 이름이 바뀔 정도이니 프루스트에 대한 프랑스 사람들의 존경과 사랑이 대단하다. 교회 바로 앞에는 심지어 '마들렌'이라는 이름의 식당이 있다. 아쉽게도 마들렌을 팔지는 않는다.

프루스트가 어린 시절을 보낸 고모의 집은 프루스트 박물관으로 운영 중이다. 오후 2시가 되어야 오픈 시간이다. 그나마 날이 너무 좋거나 날이 너무 나쁘면 문을 닫는다. 프랑스다운 시간 관념이다. 세 번째 일리에를 방문해서야 아주 보통인 날이었는지 박물관은 문을 열었다. 프루스트 고모집의 작은 정원에는 아기별꽃이며 우유빛 수선화 눈빼꼼꽃 같은 작은 꽃들이 피어 있었다. 작은 꽃들의 향기는 무릎까지만 차오르기에 허리를 굽혀 냄새를 맡아야 한다. 고모집의 중문을 열고 들어가면 오래된 고서들의 활자가 휘발되며 나는 매케한 향기가 가득하다.

봄의 프루스트 정원을 표현한 〈비밀의 정원〉은 이러한 향기들에 집중했다. 봄의 향채들을 바삭하게 튀겨 수다스런 소리가 나도록 만든 〈비밀의 정원〉은 작은 꽃향기들을 통해 잊고 있었던 각자의 잔잔한 기억들을 떠올리게 한다. 외할머니 댁의 장독대 너머 신작로 멀리 손자의 모습을 기다리는 할머니의 발치 앞 보라색 제비꽃일 수도 있고, 학교 화단에서 소년의 호기심을 자극한 민들레꽃일지도 모르겠다. 치즈 타르트 위에는 산뜻한 레몬 제스트를 뿌리고 봄날의 허브 딜을 올린다. 허브로 만든 바삭한 튀일과 크로켓은 어느 해의 맛과 추억을 회상하게 한다.

《기억의 도서관》 코스 중 첫 번째로 나오는 〈오후의 서재〉는 세 가지 아뮤즈 부시로 이루어진 메뉴다. 세 가지 요리는 각각의 의미를 가지고 디자인되었다. 세 가지 메뉴 전체를 아우르는 서재라는 공간은 가장 개인적인 공간 중 하나다. 서재를 상징하는 아뮤즈 부시는 번잡했던 일과에서 벗어나 조용하고 오붓한 식사의 시간으로 이끈다.

서로의 서재를 탐험하는 시간은 놀라움으로 가득 찬다. 책장에 꽂힌 다양한 책들의 책등에 적힌 제목들은 그가 만든 개인 도서관의 목록을 보여준다. 서재의 책상 위에 놓인 소품들과 공간을 메우고 있는 오래된 책들의 향기는 그의 취향을 반영한다. 커피 잔에 담긴 라임무스 〈치열한 휴식〉은 과일의 캐비어라고 불리는 핑거라임의 산뜻함으로 시간과 공간을 환기한다. 독서는 휴식이기도 하지만 한편으로는 일생을 거쳐 이루어지는 치열한 성장의 과정이다. 커피 잔 안의 새콤함은 이러한 아이러니를 말한다.

〈오후의 서재〉. 서재는 어쩌면 가장 개인적인 공간 중 하나일 것이다. 식사의 시작에 배치된 이 메뉴는 번잡했던 일과에서 벗어나 조용한 식사의 시간으로 초대한다. 커피 잔 안에는 상큼한 라임 무스가 입안을 깨우고 돋보기 위에는 한우 타타르가, 책 접시 속에는 달팽이 에스카르고가 담긴다.

〈잃어버린 책들〉은 잊고 지내온 일상의 중요한 의미들을 탐험한다. 한 신혼부부가 신부 화장도 지우지 않은 채 여행용 캐리어를 끌고 들어온다. 그들은 처음 만나 소개팅을 한 레스토랑에서 식사를 하고 바로 공항으로 가는 의미 있는 결혼식 일정을 세웠다. 셰프를 보고 과하게 반가워한 그들은 멋쩍게 사연을 이야기했다. 신혼여행지도 프랑스 파리라고 한다. 몇 해 뒤 그들은 첫 아이의 돌잔치를 예약한다. 너무나 소중하고 의미 있는 시간이다. 초등학교 시절 나의 모든 것과도 같았지만 십수 년 잊고 지낸 헤르만 헤세의 책들처럼 살아가면서 대면하는 모든 순간들의 의미를 전부 기억하기는 힘들다. 책 모양으로 특별히 제작된 접시의 뚜껑을 열면 허브 향이 번져 나온다. 책을 여는 행위는 잊고 지내온 수많은 책들을 떠올리게 한다. 그리고 그 독서의 시절에 소중하게 여겼던 것들을 회상하게 된다.

〈톺아보기〉는 돋보기 위에 올려진 한우 타타르다. 테이블에 놓인 돋보기는 가까운 사람에게서 미처 발견하지 못한 취향과 소양을 찾게 되는 놀라운 순간을 의미한다.

아내는 안동사람이다. 처음 장인어른과 상견례를 겸한 식사를 하던 날의 한 순간을 잊을 수 없다. "아나."라는 일갈과 함께 커다란 전복 한 알이 장인어른의 젓가락을 출발하여 식탁을 가로지르는 비행을 한 뒤 나의 밥공기에 착지했다. 조준은 정확했고 비행은 유려했으나 전복의 트리플 악셀은 서울 사람인 나에게는 문화적 충격이었다. 누군가에게 일평생 반찬을 얹어주신 적 없는 경상도 남자의 사랑법이 낯설 수밖에 없다. 그것은 어르신의 다정한 표현이었더랬다. 나의 조그만 눈은 토끼처럼 동그래졌고 그 순간 마주친 장모님의 시기어린 눈빛에 그것이 사랑이란 걸 알아차렸다.

    장모님과 아내와 처제는 몇 해를 만류했다. 프렌치 코스가 장인어른 당신의 식탁이 될 수 없다고 굳게 믿었기 때문이다. 그러나 어렵사리 찾으신 사위의 식당에서 두 시간여의 프렌치 코스 아홉 개의 메뉴를 모두 비우신다. 사위의 음식이라고 자신의 취향을 접어두실 리 없는 경상도 남자라는 것을 모두가 알기에 아내의 가족은 그 모습이 낯설다. 간지러울 법한 메뉴의 스토리텔링을 곁귀로 들으며 메뉴들을 음미한다. 어르신의 식사는 진중했고 의외의 깊이까지 터치되었다. 이 시간, 수십 년의 세월 동안 식탁 앞에 함께 앉은 사람의 이면을 탐험하게 만들고 그동안 몰랐던 속사정을 들여다보게 한다. 한 사람의 삶 속에는 서로의 시간으로 만들어지지 않는 밀도도 있다.

조용한 것이
지루한 것은 아니다

소리와 향기는 언제나 식당을 메우고 있다. 접시와 식기가 부딪치며 내는 달그락 거리는 소리며, 주방에서 들려오는 불꽃이 팬을 때리는 소리는 맛있는 소음이다. 냄비 뚜껑을 열면 은밀한 떨림과 같은 보글보글 소리가 조용하게 들린다. 거기에 저마다의 취향으로 선택된 식당의 배경음악들과 음식들이 뒤섞인 냄새는 공간을 가득 메운다. 저녁식사 시간을 준비하며 버터에 마늘을 볶으면 고소하고 알싸한 향기가 구석구석 채워진다. 앞선 감각들과는 달리 후각과 청각은 미각과 직접적으로 결합되어 있다. 시각적 이미지나 텍스트의 의미를 맛과 연관지을 때는 그것들이 내포한 관념들을 찾아내기 위해 군더더기를 깎아내는 과정이 필요하다. 반면, 청각과 후각이 주는 감정은 인식의 연결고리를 만들기 위해 살을 붙이고 외부적인 요소들을 결합해서 주관적인 감정을 객관화하고 구체화해야 한다. 특정한 향기나 소리에 새로운 의미를 부여해야지만 그것을 통해 맛을 한정하거나 서술할 수 있기 때문이다. 감각과 결합된 개인적인 기억들은 우리들의 마음속에 있는 일종의 편견들과 상상을 제어하는 장치들을 부숴버린다. 단단히 결합된 감각과 기억 앞에서 이제 더 이상 속임수를 써볼 수는 없다.

계절은 바뀌는 것이 아니라 쌓여가는 것이다

지중해를 마주한 해양성의 따뜻한 기후에 알프스를 넘은 고온의 높새바람을 그대로 맞는 프로방스의 마을 봄 레 미모사는 1월에도 미모사 꽃이 피는 것으로 유명하다. 사철이 봄으로 유명한 봄 레 미모사의 '봄'은 지명이지 계절을 일컫는 한글의 봄과는 관련이 없다. 향수를 공부하며 겨울의 청량한 공기에 다른 꽃 없이 미모사만의 향기를 구분해 맡아 볼 요량에 한겨울 봄 레 미모사를 찾았다. 그러나 당연하게도 미모사뿐 아니라 수많은 꽃들이 만발해 있었고, 꽃만큼이나 많은 프랑스 노부부들은 노천 카페에 앉아 아이스크림을 먹으며 봄에 가꿀 저마다의 마당을 주제로 수다를 떨고 있었다. 꽃이 피는 소리를 듣고 싶었는데 향기마저 수다스러운 수상한 겨울이다. 그곳에서는 꽃이 봄을 기다려 피는 것이 아니라 봄이 꽃을 기다려서 오고 있었다. 여린 꽃잎이 벌어지는 곳에 마찰음이 날 리가 없다. 어쩌면 봄의 소리는 작년의 이야기로 수다스러운지 모르겠다.

봄날의 샴페인이라는 뜻의 〈크레망 드 프렝탕crèmant de printemps〉 샐러드는 샴페인 등 발포성 와인의 바스락거리는 소리를 흉내내기 위해 바삭하게 구운 빵 크루통을 올린 올리비에 샐러드다. 올리비에 샐러드는 프랑스 출신 올리비에 셰프가 겨울 동안 채소의 저장성을 높이기 위해 고안한 마요네즈 소스의 샐러드다. 그러다 보니 이 소스를 이용한 레시피는 연중 기온이 낮은 모스크바의 대부분 레스토랑에서 만나 볼 수 있게 된다. 심지어 몇몇 여행 가이드에는 러시아 전통 음식인 비트 수프 보르시와 더불어 모스크바의 대표 메뉴로 소개하기도 한다. 〈봄날의 샴페인〉에서는 봄의 향채들을 넣어 겨울 샐러드를 봄철의 느낌으로 재해석했다. 크루통의 아삭아삭하는 소리들이 귓속을 어지럽히고 봄의 향기들이 그 뒤를 채운다. 무거운 느낌을 가진 올리비에 샐러드는 소리를 통해 다른 계절의 느낌을 충분히 보여준다.

버섯 수프 〈가을 소리〉는 소라가 가진 소리에 대한 이미지를 사용해 가을의 속삭임을 전한다. 수프에 들어가는 가지며 당근, 호박 같은 채소들을 뭉근하게 끓일 때 셰프들은 소리에 집중한다. 보글거리는 소리가 잦아들면 어느 정도 농도가 생겨 기포가 천천히 올라오는 순간이 있다. 이 순간을 놓치면 채소에서 우러나온 단맛이 분해되어 사라지기 시작하고 수프의 보드라운 식감을 만드는 리포 프로테인은 지방과 단백질로 분리되어 망가진다. 소리가 덜 바쁘게 올라오기 시작하는 그 순간 불을 내려야 한다.

조용한 것이 지루한 것은 아니다.

먹는 향수

후각은 미각과 결합되어 있다. 게다가 맛을 인식하는 과정

〈크레망 드 프랭탕〉은 봄날의 샴페인 이라는 뜻으로 올리비에 샐러드를 샴페인 잔에 담아 바스락거리는 봄의 소리를 느끼게 한다.

에서 우리는 미각보다 후각에 의존하여 맛을 구별해낸다. 그렇기에 맛을 통해 향을 표현한다는 것은 쉽지 않은 일이다. 맛과 향이 하나로 결합된 감각이기 때문에 결국 맛과 상관없는 향이 가지는 이미지들을 추출해 다시금 음식에 대입하는 과정이 필요하다. 엑소틱 플레이팅 디저트 〈먹는 향수〉는 조향사들이 향수를 제조하는 방법을 차용하여 향기가 느껴지는 과정을 순차적으로 따라간다. 조향사들은 향수를 디자인하는 과정에서 수많은 향들을 크게

버섯 수프 〈가을 소리〉는 조용하지만 지루하지 않은 가을의 이야기를 전한다.

세 부분으로 나누어 배치한다. 여러 향들을 조합하여 크게 세 개의 향 뭉치를 만들어낸다.

노트 드 테드note de tête는 처음으로 느껴지는 향기로 채워진다. 레몬이나 오렌지 같은 시트러스 계열의 과일 향이나 화사한 꽃향기들이 적합하다. 다음으로 이어지는 노트 드 쉐르note de cœur 향 뭉치는 전체적인 구조를 형성한다. 나무 향이나 은은한 장미 향 등이 좋다. 이 향들은 대화와 만남의 시간 내내 부드럽게 공간을 에워싼다. 마지막으로 긴 여운을 만드는 노트 드 폰드 note de fond 는 무겁게 가라앉아 떠난 자리를 메운다. 연기나 커피의 향기가 주로 사용된다. 테드, 쉐르, 폰드는 각각 프랑스어로 머리, 가슴, 다리를 의미한다.

〈먹는 향수〉가 제안하는 향기의 여정은 커팅한 향수병에 올린 장미수 젤리로부터 시작된다. 프랑스 향수의 도시 그라스에서 공수한 장미수에 브르타뉴 지방의 배로 만든 와인 푸아레를 넣어 달콤함을 더해 젤리로 굳혀 향수병에 담는다. 전형적인 모양의 향수병은 유리공예를 통해 잘라내 향들이 퍼져나가는 기준점으로 형상화했다. 유리 향수병 위의 장미수 젤리에서 가까운 쪽부터 첫 인상이 되는 향과 구조를 만드는 향, 여운을 남기는 향 순으로 배치한다. 시트러스 아이스크림과 라임 무스가 첫 인상이 되는 노트 드 테드에 해당한다. 다음으로 파운드 케이크와 살구 퓌레가 견고한 구조를 만들어, 은근한 살구 향이 앞뒤로 배치된 과일들과 연관성을 고집스럽게 이어간다. 그리고 테라웨어가 가지는 우아함과 달콤한 과일들이 마지막 긴 여운을 남긴다.

〈먹는 향수〉는 둥근 접시에 직선으로 각각의 재료들을 배치해서 먹는 순서를 가이드하는 한편, 조향의 순서에 따라 향의 뭉치들이 가지는 각각의 의미를 전달함으로써 그 존재를 빛나게 한다.

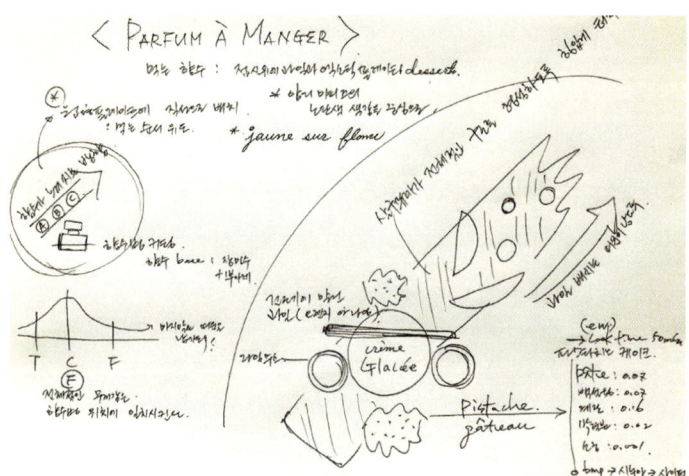

〈먹는 향수〉 스케치. 조향사들이 향수를 만드는 방법을 차용하여 먹는 순서에 따라 입 속에 향기가 퍼져 나가도록 설계했다.

디저트 〈먹는 향수〉는 감각을 확장하고 맛을 기억하도록 유도한다.

기술을 기술하는 기술

여운의 여운

여운如雲은 아름다운 사람들을 뜻하는 말이다. 여운餘韻은 오랫동안 남겨지는 향기나 좋은 영향을 뜻한다. 좋은 향기의 기억은 오래 기억되고 자주 꺼내어 되뇌게 된다. 향기는 형태가 존재하지 않지만 그만큼 긴 여운을 남긴다.

인센스(향초) 홀더에 플레이팅한 메뉴 〈조우〉는 트러플과 푸아그라 무스로 만든 아뮤즈 부시이다. 장편 소설처럼 여러 플롯들을 엮어 만든 코스 《미장센》의 첫 시작을 알리는 메뉴였다. 레스토랑과 손님을 연인에 비유해 거짓말처럼 서로를 알아보고 만나가는 과정을 그린 장편 소설 코스 《미장센》은 가장 큰 호평을 받은 메뉴 중 하나였다. 소설의 구성이 가지는 특성상 가장 개인적인 이야기를 맛으로 풀어내야만 했다. 레스토랑은 언제나 보편성을 견지해야 하기에 그 모순을 극복해내는 것이 여간 어려운 일이 아니었다. 결국 메뉴판 전체를 편지 형식으로 만들어 식사한 시간을 개인적으로 간직할 수 있게 장치하여 그 간극을 해결했다.

〈조우〉는 두 사람이 서로에게 첫 인상을 가지게 되는 장면을 그렸다. 살다보면 낯설지만 끌림이 있는 향기에 자신도 모르게 뒤를 돌아보게 되는 순간이 있다. 그의 이름도 모르지만 한눈에 알아차리는 감각적인 끌림. 이야기는 서로를 처음 알아차리게 된 그 향기에서부터 시작된다. 쥐스킨트는 향수의 도시 그라스를 배경으로 하는 그의 소설 『향수』에서 '남겨진 향기는 그 사람의 영혼이다.'라고 말한다. 뒤를 돌아볼 수밖에 없는 그 사람의 향기는 호오를 떠나 무언가 특별한 구석이 있다. 〈조우〉는 송로버섯 트러플의 특별한 향을 보여주는 데 집중했다. 배달 치킨에까지 트러플 오일이 들어가는 요즘이다. 그러나 딸기향과 딸기 냄새가 분명히 다른 것처럼 송로향과 송로의 향은 분명히 다르다. 나만이 느낄 수 있는 그의 진짜 향기인 양 최고의 트러플 향을 그대로 식탁 위에 올리기 위해 항공편으로 매주 송로버섯을 공수했다.

경제적이지 않은 이 작업을 함께한 송로버섯 상인 안토니오는 이탈리아계 프랑스인이다. 전형적인 남부 이탈리아인의 모습과 성품을 가지고 있다. 그의 아버지는 영화 대부의 배경인 시칠리아 출신이다. 가게 문을 박차고 들어와 롱코트의 안 춤에서 종이로 여러 겹 싼 송로버섯 몇 알을 은밀하게 꺼낸다. 그리고 자기 코로 가져가 진중한 표정으로 길게 향기를 들이마신다. 이 향기를 이해하지 못한다면 우리의 거래는 여기서 끝난다는 표정으로 동의를 강요한다. 가격이 아닌 품질의 흥정. 시칠리 억양의 프랑스어는 거칠지만 분명하고 그의 문법은 담백하다. 그도 아는 비밀이지만 안토니오는 나의 전화기에 '트러플 마피아'라고 저장되어 있다. 마지막 반전은 그가 한국에서도 유명한 피아니스트였다는 것이다. 피아노 건반을 몇 번 두드려본 뒤 그가 떠난 자리에는 언제나 트러플 향이 가득하다.

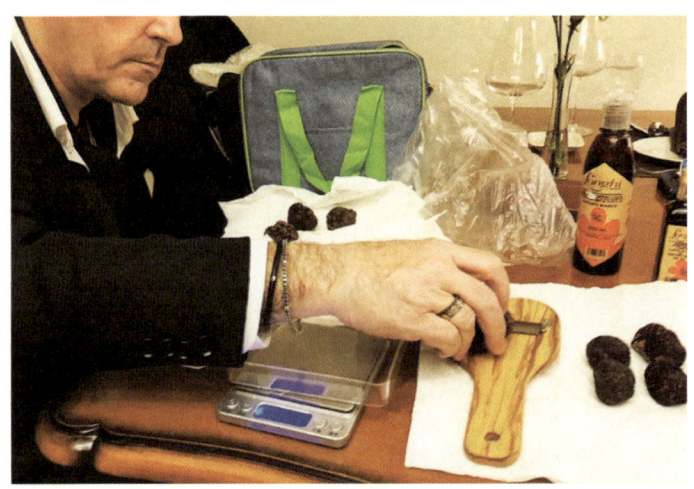

트러플 상인 안토니오. 그가 말하는 진정한 트러플 향을 느끼지 못하면 그 순간 거래는 끝난다. 그것은 가격의 흥정이 아닌 품질의 흥정이다.

　　동화에서 진정한 공주님만 알아차릴 수 있는 매트리스 아래의 작은 콩알처럼 은밀하게 준비된 트러플 옆에는 검은색으로 튀겨낸 파스타 스틱에 게랑드 소금을 묻혀 꼽는다. 튀겨진 파스타가 입 속에서 내는 바스락거리는 소리는 먹는 사람 본인의 귀에만 천둥처럼 크게 들린다. 마치 그녀의 첫인상이 벼락치는 듯 각인되는 순간과도 비슷하다. 마지막으로 느껴지는 게랑드 염전의 소금은 두 사람 사이에서 진전될 이야기에 대한 짭조름한 복선이다.

인센스 홀더에 플레이팅한 트러플과 푸아그라 요리 〈조우〉

비가 온 뒤 젖은 흙의 냄새

페트리코어Petrichor. 불한사전에 의하면 '비가 내린 후의 젖은 토양의 냄새'로 번역된다. 한 단어를 번역하는 데 여섯 개의 의미소가 필요하다. 비가 내린 뒤 땅에서 올라오는 젖은 흙내음은 생명의 근간이 되는 향기다.

누구나 천둥벌거숭이의 시절이 있다. 한국의 파브르를 꿈꾸던 소년은 어린 시절의 대부분을 곤충채집으로 보냈다. 잠자리 잡기는 하수들의 채집이다. 야간에 불빛을 이용해 야행성 곤충의 습성을 탐구하고, 나무 둥치 아래에서 버드나무하늘소며 사슴벌레 같은 곤충의 유충을 채집해 키운다. 비단길앞잡이라는 곤충의 습성을 알아야지만 방구냄새를 풍기는 네점박이노린재를 피해 나나니벌과 소똥구리의 생태를 관찰할 수 있다. 희귀하고 값진 곤충의 애벌레가 사는 곳은 살아 있는 땅과 죽어 있는 땅의 냄새를 이용해서 찾아낸다. 유충의 먹이가 되는 땅속의 분해자가 질소를 고정하는 냄새가 바로 낭만적이기도 한 '페트리코어'이다. 키가 자라면서 코의 위치가 땅에서부터 충분히 멀어지면 흙냄새는 유년기의 추억과 함께 기억에 깊이 갈무리된다. 그렇기에 흙냄새를 맡으면 고구마줄기마냥 추억들이 줄줄이 매달려 딸려 올라온다.

네 가지 소르베를 올린 디저트 〈화분〉은 살아 있는 흙의 향기를 테이블 위에 올리기 위해 디자인한 메뉴. 허브의 꽃과 잎에서 나는 향기들이 테이블을 가득 채운다. 프렌치 라벤더의 보라색 향기에서부터 바질의 초록과 민트의 하얀 향까지 즐거운 리듬의 멜로디가 코끝을 스친다. 유리잔에 담은 소르베를 집어 들면 비로소 젖은 흙의 향기가 화분의 가장자리를 넘어 잔잔하게 퍼진다. 땅이 주는 이 특별한 향을 알고 있다는 안정감이 마음을 가라앉힌다. 행성의 냄새를 공유하는 같은 족속이라는 것에 마주 앉은 이가 반갑다.

〈화분〉 메뉴의 구현은 딱 그 새로움만큼 복잡하고 어려웠다. 흙의 좋은 향기만을 테이블에 올려야 하고 위생과 오염에도 신경을 써야 했다. 무해하며 향기에 필요한 미생물만 생장시키기

디저트 〈화분〉은 비온 뒤의 흙냄새를 표현하기 위해 디자인되었다.

위해 소독과 분갈이가 반복되었고 메뉴가 마무리 될 때쯤 식당의 옥상은 대체된 허브들로 숲을 이루었다. 빅토르 위고가 인기는 명예의 잔돈이라고 했던가?

사람들을 매료시키는 새로움은 가장 황당한 모험과 대상에 대한 애정, 그리고 그것을 향한 부단한 탐구에서 나온다.

이 야 기 를
마 치 며

유기화학 리포트 이후 가장 긴 글이지 싶습니다. 난데없이 식칼과 펜을 들고 주경야독의 시간을 보냈습니다. 부족한 글을 다듬어 책으로 만들어주신 출판사 분들께 식사 한 끼 대접해야겠습니다. 글과 달리 요리는 좀 하거든요.

지면을 빌려 지금까지 맛있는 여정을 함께하고 있는 변연호 셰프, 최우진 수셰프를 비롯한 르꼬숑 식구들에게 진심을 담아 감사를 전합니다.

이 책이 나무의 시체가 되지 않기를 간절히 바랍니다.

2020년 8월 한여름에
정상원

탐식 수필

초판 1쇄 인쇄일 | 2020년 8월 22일
초판 1쇄 발행일 | 2020년 8월 25일

지은이 | 정상원
펴낸이 | 박성면
펴낸곳 | 동아북스

출판등록 | 제406 - 2007 - 000071호
주소 | 경기도 파주시 문발로 115, 세종출판벤처타운 201-A호
전화 | (031)8071 - 5201
팩스 | (031)8071 - 5204
전자우편 | lion6370@hanmail.net

정가 | 17,000원
ISBN 979-11-6302-351-7 (03810)

ⓒ 정상원, 2020

※ 이 책은 동아북스와 저작자의 계약에 의해 출판된 것이므로,
   무단 전재 및 복제를 금합니다.